千年貴族藤原氏

紫式部、藤原道長到昭和首相，
形塑日本歷史最關鍵的華麗一族

京谷一樹

葉韋利　譯

藤原氏の1300年
超名門一族で読み解く日本史

前言

聽到藤原氏，一般人腦中會浮現什麼印象呢？

首先，大家會想到的是建立了全盛時期的藤原道長與攝關政治的時代吧。以天皇外戚身分，在平安時代近半的時間獨占攝政、關白之職，享盡榮華富貴的最強貴族，這樣的評價充分表現這支華麗家族在歷史上的定位。另一方面，或許也有人想到在平安中葉開花結果的日本獨特國風文化。提到平安文化，雖然不單是藤原氏一族的成果，但《源氏物語》、《枕草子》等平安文學的巔峰傑作，都是由藤原氏贊助的後宮沙龍或是周邊所誕生，也是不爭的事實。

若與堅毅剛健的武士形象對比，藤原氏就是文弱貴族的代表。或許有人認為他們不像武士捨命奮戰，只會用謀略剷除政敵，並以天皇外戚之姿掌握實權，這種政治手法令人覺得陰險狡詐。實際上，不少攝關家的名門貴族因為政權遭到武家奪取後無法重拾權柄，最後只能借助武士之力保住命脈。

「藤原氏」擁有許多種面貌，但每一種確實都是藤原氏的真實樣貌。之所以有如此形形色色的形象，或許可說是自中臣鎌足獲賜姓藤原之後，幾經浮沈且生存跨越超過一千三百年才打造出的諸多面向。

從源平藤橘四氏脫穎而出

一般將源平藤橘四氏稱為「天下四姓」，其中最強大的氏族就是藤原氏。橘氏在奈良時代的橘諸兄時期最為興盛，到了平安前期漸走下坡；桓武天皇之孫開啟的平氏，由平清盛開啟第一個武家政權，但興盛時期不過二十來年。平安時代初期，由嵯峨天皇的皇子女為始的源氏，因身為皇室後代，在平安時代地位不斷上升，但或許因為血統高貴，並未與藤原氏展開露骨的權力鬥爭。

那麼，藤原氏又如何呢？許多人可能認為藤原氏的盛況只到平安時代中葉，之後就被院政[1]與武家政權所取代。然而，藤原氏在武士掌握天下的七百年間，仍以全盛時期建立起的「品牌力」持續保住命脈。有些人與幕府之間建立強大的管道，並於朝廷內施展超越攝關的壓倒性權力。即使少了來自莊園的收入或特權而陷入困境時，也有不少人持續以學問、藝術來保住地位。換句話說，藤原氏的人就算在經濟上窘迫，也能以文化推手之姿維持其一族自信。

承續千年的權力與威望

到了近世，多數大名家為了提高地位都積極與五攝家[2]等藤原氏名門貴族聯姻。而到了幕末動盪期，由於尊王攘夷運動興盛以及江戶幕府弱化的背景，藤原氏再次登上政治舞台。自明治到昭和這段時期作為華族備受禮遇，並在財政界呼風喚雨，更有不少人擔任元老，甚至內閣總理大臣。

確實，在院政時期之後的藤原氏，已經無法重拾過去在攝關政治全盛時期的榮耀。然而，藉由奈良、平安時代與天皇家連結所建立起的品牌力，在保持雍容高雅的身段之

1　譯注：指日本政權由攝關政治轉移到幕府過渡時期的政治體制。
2　譯注：指鎌倉時代出自藤原氏嫡派的五個家系，包括近衛、一條、二條、九條和鷹司家。

中兼具強韌生命力，就像是攀附在植物上的藤蔓不斷繁衍，在中世及近代成功克服一波波浪潮。

各章簡介

本書的目的正是回顧長達超過一千三百年的藤原氏一族興衰，並以年代順序介紹各個時代具有特色的代表性人物。開場的序章作為總論，探討藤原氏為何成為日本歷史上最強大的氏族，其權力與威望來自何處。

第一章會詳述因中臣鎌足接受賜姓藤原而誕生的藤原氏，經過奈良時代以巧妙的政治手腕與謀略建立穩固地位的過程。第二章的主題則是在平安前期，北家成了藤原氏的主流，以及攝關政治確立的背景。第三章將以藤原道長的御堂流為重點，介紹多位在攝關政治全盛時期大放異彩的人物。

第四章探討的是因為上皇（退位的天皇）施政的院政，加上武家政權成立後進入夕陽時期的藤原氏。第五章要來看看以天皇為頂點的公家社會在走到谷底時的室町、戰國時代的公家面貌。反過來說，在這樣窮途末路的環境中，或許可說是藤原氏生存力最強的時代。

第六章聚焦在與大名家聯姻保有經濟穩定的江戶時代，以及經過激盪的幕末後重生，成為政治家或華族而走過近代的多位人士。

本書介紹的不僅有政治家、文化人，還有一族之中的女性及僧侶。受到權欲薰心的強勢政治人物、反抗當政者而遭到毀滅的謀略家、追求名譽與官位的文化人等，各種不符合華麗一族的行為也在其中出現。即使是這些狡詐、強勢的作為，也是藤原氏生命力的泉源，希望讓更多人對於日本史上藤原氏的功績能有多一分了解。

目次

第二章　北家的崛起與攝關政治的確立

第四章　在院政與武家政權中求生存的攝關家

第五章　撐過動亂時代的藤原氏

序章——藤原氏為何成為史上最強大的氏族？

望月之歌

此世即吾世　如月滿無缺

這首象徵藤原道長掌控絕對權力之歌，是道長在一〇一八年（寬仁二年）十月十六日，於他的三女威子成為後一條天皇中宮之日的酒席上所吟詠。就在同一天，道長嫁給三條天皇的次女妍子成為皇太后，後一條天皇與東宮敦良親王（後朱雀天皇）的母親是道長的長女彰子，則成為了太皇太后。在威子立后的同時，達成了前所未有的「一家三后」，藤原道長在這場站在榮華巔峰的宴席上，吟詠了這首史上著名的「望月之歌」。

當時，道長要求大納言藤原實質也吟詠一首回應，實質卻說，「此歌實為優美，無以回應。不如大家一同吟唱」，他並引用中國的故事，「聽說白居易因元稹的菊詩太過美好，無以回應，只能深深讚嘆，整天反覆吟詠」，於是要在場所有人一同唱和。或許這是因為不想太露骨地自吹自擂創作應和，但能夠在當下以絕妙回應來滿足道長的自尊心，也可說是頗有實資作風的處事方式，不愧之後獲得賢人右府的稱號。

上述內容是記錄在實資日記《小右記》中的一段故事。當時貴族的日記並非個人生活紀錄，而是記述禮儀上的先例、儀式，為了將祖先功績流傳給子孫而寫。多虧了實質翔實的記述，能夠生動呈現道長站上權勢巔峰時的模樣。

天皇與藤原氏成為命運共同體

藤原氏會被捧為史上最強氏族的主要原因是什麼呢？要回答這個問題，可以從前面提到的「望月之歌」這個小故事裡找到線索。

在實現一家三后時，道長已經辭去太政大臣，無官一身輕，但當時的天皇與東宮都是他的孫子，實際上他的地位等於是天皇家的大家長。由此可看出，在握有絕對權威下把女兒嫁給天皇，迎娶皇族女性為妻，與天皇家建立起命運共同體的姻親關係，就是藤原氏權力與威望的來源。

這種聯姻政策，被視為皇族以外的氏族掌握政權的常見手段，自古從五、六世紀的葛城氏、蘇我氏的時代就開始採用。只不過，古代朝廷中即使是臣子的女兒生下天皇，也因為身分不同而無法成為天皇正室，也就是不能登上皇后之位。但自從奈良時代中葉，藤原不比等之女光明子以臣子身分首次成為皇后之後，平安時代之後幾乎每一任天

攝關政治的架構

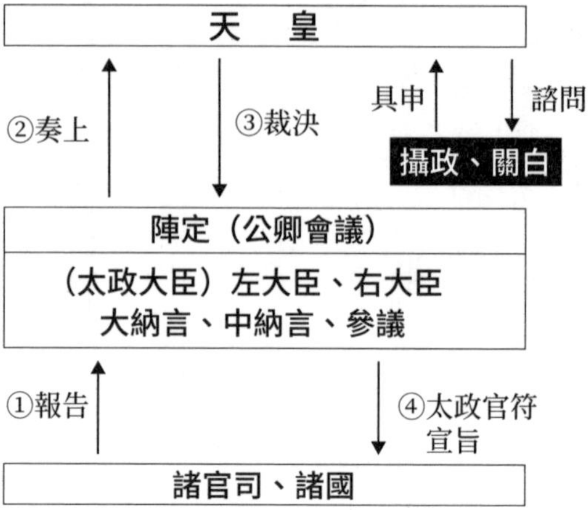

皇都是由藤原氏之女，或是賜姓皇族源氏所生。

或許，藤原氏終究只是臣子，其地位不會威脅到天皇，這點也很重要。在天武天皇死後，繼任的妻子持統天皇一心一意要讓孫子輕皇子（文武天皇）繼位。這麼一來，對持統而言，其他有皇位繼承資格的皇族就成了對手，而她能倚靠的只有天皇母親一方的親戚，也就是不具皇位繼承權的藤原氏。事實上，考量不比等接受持統的提拔，之後成為藤原氏發達的契機，可知道藤原氏以臣子身分成為天皇姻親的地位，正是能保有權力的一大重點。

實現攝政、關白世襲化

有了與天皇家的姻親關係為基礎，藤原氏打造了律令規定之外的「令外官」（律令制實施後才有的新設官職），也就是攝政、關白（統稱攝關）這個特殊的職位，藉此在制度上確保將其他氏族隔絕在外的特殊地位與權力。

情況之所以有了轉變，是因為出現年紀小的天皇，也就是幼帝。古代朝廷要求天皇必須要有處理政務的能力，習慣上必須到了能做政治判斷的年紀才即位。實際上，七世紀之前的天皇，除了文武天皇在十五歲上位外，其他天皇都在二十五、六歲到三十歲的年紀才登基。

然而，到了九世紀的藤原良房時，清和天皇於九歲即位，就需要有個職務代替年幼的天皇來處理政務。這個職位因為有「攝行天下之政」的意思，便稱為攝政，身為清和外祖父的良房即以臣子身分首次擔任這項職務。

另一方面，關白取「關白（稟告）天下諸事」之意，這個職務主要是協助成年的天皇執行政務。首任關白就是良房的養子基經，在光孝天皇五十五歲即位時就任。在這之後，雖有像是宇多、醍醐兩天皇因為親政（由天皇自行執政）而不設攝關的時期，但十世紀中葉設置攝關已經成為常態。此外，除了近世初期豐臣氏成為關白的時期，直到幕末都由藤原氏持續世襲攝關職務。

然而，攝關能夠代辦、輔佐的只有政務，即使天皇年紀再小，遇到祭神或重大儀式，仍然要由天皇親自出席善盡職務。通常提到攝關政治，多半是藤原氏漠視天皇企圖獨攬大權的印象；事實上，天皇的生活被儀式、祭祀等事務占滿，相當無趣，有了攝關代替天皇處理政務，能讓朝政執行得更順利。換句話說，攝關的設置是補足天皇制的缺點，甚至有加強天皇制的效果。從另一個角度來看，藤原氏與天皇家的關係可說是互補的命運共同體。

例如，在十一世紀初期積極推動政務的一條天皇，與舅舅道長合作執行政策，在決定朝廷人事的「除目」儀式上，要求道長必定要出席，甚至還為他更改日期。由此可知，天皇與攝政是在互相尊重下攜手合作處理朝政。

屬於令外官的攝關，其任命會隨著每一任天皇而更換。也就是說，這是一個與天皇個人關係密切的職位，而當攝關是天皇外戚時，關係就會更緊密。因此，藤原氏會積極讓女兒入宮，促成生下的皇子即位，以天皇外祖父之姿傲視政界。

反過來說，與天皇沒有外戚關係的攝關，要保住權力就困難了。藤原實賴曾為冷泉天皇的關白，但政治主導權其實掌握在天皇舅舅兼通、兼家等人手中，實賴只能自嘲自己是「揚名關白」（也就是掛名關白）。此外，圓融、花山兩位天皇的關白藤原賴忠（實賴之子）也因為沒有外戚關係，被人稱為「外人關白」，他的子孫也無法繼承攝關的地位。

外祖父之所以能握有強大勢力，也和當時的婚姻與育兒的習慣有極大關係。當時婚姻的型態有兩種，一種是從自家往來妻子娘家的「妻問婚」[3]，另一種則是長住於妻子娘家的招婿婚，但無論哪一類，孩子多半都是在妻子娘家長大。這樣的習俗即使是皇室子女也一樣，后妃懷孕之後會回到娘家生產，孩子由母方養大。想當然耳，皇子從幼年就與天皇妻子的父親（也就是皇子的外祖父）接觸較多，登基之後外祖父也會成為監護人，對於天皇的決策自然有重大的影響力。

3 譯注：亦有中譯「訪妻婚」。

利用政爭鞏固權力

支持藤原氏崛起的第二個重點，就是巧妙利用政爭來鞏固自身權力。必要時甚至可以讓對手蒙上不白之冤，或是以反叛的罪名讓對方失勢，不惜採取各種激烈的手法。

奈良時代第一起政變，也就是長屋王之變，正是最好的例子。事件的起因是當時握有重權的左大臣長屋王遭到密告，指稱他「學習左道（邪惡行徑）企圖顛覆國家」。之所以知道這是藤原氏的計謀，是因為完全沒有調查這項密告是否為誣告，此外，長屋王之妃吉備內親王與其皇子全數被迫自盡，但長屋王與不比等之女之間產下的皇子則未遭問罪。據說，這起事件是為了防止長屋王一族繼承皇位，並且幫助反對長屋王的光明子成為皇后，進一步提升藤原氏的家格。事實上，在當時就已經知道長屋王是無辜的，而朝廷正史《續日本紀》中也暗示了密告一事是誣陷。

尤其當外戚地位受到對手威脅時，藤原氏的謀略就愈是明顯。據說由藤原良房策動的承和之變，是將與藤原氏姻親關係薄弱的恒貞親王（淳和天皇之子）趕下皇太子之位，讓安排女兒成為恒貞之妃的藤原愛發因此失勢。在這起事件之後，良房取代愛發成為大納言，更改立其甥道康親王（文德天皇）為皇太子，可說是一石二鳥之計。

在這起事件中，伴氏與橘氏遭冠上謀反罪名而失勢，有人認為這也是藤原氏藉此排除其他與其有競爭關係的氏族。事實上，藤原氏策動的政變，經常將確保外戚地位與排除其他氏族兩個目的合而為一，藉此加強藤原氏獨大的體制。只不過，就承和之變的背景來看，有人認為其中也有仁明天皇想把皇位傳給自己兒子道康親王的私心，很可能這次政變不只出於良房一人的野心。但換個角度，懂得巧妙運用政爭，盡可能爭取自身的利益，也可說是藤原氏的特質。

同樣的狀況也出現在右大臣菅原道真遭貶到大宰府的昌泰之變。其罪狀是廢除醍醐天皇，企圖另立道真的女婿齊世親王（醍醐之弟）為天皇，一般認為這是藤原時平的計謀，為的就是要阻止道真的外戚勢力。然而，以醍醐天皇的立場而言，要讓自己的皇子接班，遲早也得先斬斷弟弟成為太子的可能性。因此，有很大機率是醍醐天皇想讓直系子孫繼承皇位的心情，與安排妹妹嫁給醍醐天皇的時平，雙方有著一致的利害關係，進而聯手策劃這場政變。揣測天皇的心意，並善加利用來提升自己的利益，這點也可說是因為天皇與藤原氏有著命運共同體的關係。

十世紀中葉的安和之變，醍醐天皇之子左大臣源高明遭到流放。當時冷泉天皇的皇太子為藤原師輔之女安子所生的守平親王（圓融天皇），但同母兄長為平親王也覬覦皇位。在這個情況下，守平遭廢太子的「謀反」事發，身為為平丈人（妻子的父親）的高明就被貶到大宰府。

實際上，這件事的真相不明，但有人認為安子的兄弟（也就是藤原伊尹、兼家等人）擔心為平即位後權力將會集中到高明手上，因此出此計謀。高明的失勢斷了源氏掌權之路，而遭指為「謀反」主謀的橘氏，自此之後在朝廷中也失去地位，就此確定了由藤原氏獨占公卿的體制。

將蔭襲制利用到淋漓盡致

藤原氏發展的第三個重點，就是將高階貴族的特權利用到極致。在進一步深入探討之前，先整理一下以律令制官僚機構為基礎的位階及官職（官位）。

從位階一位到三位的左、右大臣，內大臣，大、中納言以及四位的參議等，這些負責國政的高階官員稱為公卿。四、五位是稱為諸大夫的中、下階貴族，擔任大藏省、式部省等八省幹部，以及守衛大內的衛府官人、地方官等受領（國守）官職。五位以上稱為貴族，與六位之下的下級官人之間，在社會地位上有極大差距。

升官算是貴族人生努力的目標，但實際上愈是高階貴族對升官加爵愈是有利，這就是律令制下訂立的蔭襲制度。

在這個制度下，有官拜五位以上的父親、祖父，子孫只要年滿二十一歲就會自動授與位階，例如，在最高的一位位階的貴族，其嫡子接受從五位下的位階，那麼從一開始就能以貴族之姿進入政界。換句話說，這樣的結構在制度上已經保證可受到家族庇蔭。

而將這項特權利用到淋漓盡致的就是藤原氏。打下藤原氏繁榮基礎的不比等，膝下有四個兒子（武智麻呂、房前、宇合、麻呂），四個兒子都成為公卿，想當然耳，他們的子孫也蒙受蔭襲之惠，日後發展為凌駕其他氏族之上的強大權貴之家。事實上，在奈良時代公卿輩出的氏族，曾經有大伴、橘、紀、阿倍等二十多個，但到了平安時代大幅減少，明顯成了藤原氏獨大的體制。

不僅如此，隨著時代演進，蔭襲對象的年齡不但愈來愈低，還授與比律令規定高一、兩級的位階。藤原氏的公達[4]幾乎都在元服[5]同時就受封五位位階，平安末年，近衛

4　譯注：皇族或貴族的子弟、子孫。
5　譯注：即傳統的成人禮。

家之祖基實在八歲元服，同時敘爵正五位下。

累積龐大的莊園

第四個重點，是與其他氏族懸殊的經濟能力。在朝廷的位階愈高，接受朝廷的俸祿自然也會增加。五位與六位之間的差異之大不在話下，到了太政官長官的正二位左大臣，光是俸祿一年就較位階五位的官人高出三十倍以上。

然而，到了十一世紀後半國家財政吃緊，導致朝廷發不出薪俸。這時，取代薪俸成為財源的就是分散在全國各地的莊園。相對於國家土地的「公領」，貴族或寺社的私有領地就稱「莊園」。地方上有勢力的氏族將土地捐贈給藤原氏，繳納一定的年貢，藉此主張屬於攝關家的領地，以防止武士盜用或是國守介入。也因為這樣，藤原氏的莊園不斷擴張。

有人認為攝關政治有賴莊園來維持，但實際上開始積極累積莊園到攝關家旗下，是在道長之子賴通的時代。攝關家嫡系繼承的殿下渡領[6]、法成寺、平等院等附屬於藤原氏氏寺的莊園，也是在這個時代建設。

這些攝關家領地由皇子女分割繼承，隨著一代代過去就分散了。平安末年的藤原忠實為了重振攝關家的經濟，與地方氏族聯手試圖累積與擴張莊園。例如，賴通時代原本數百町步[7]的九州島津莊，到了忠實的時代擴張到八千町步，在鎌倉時代初期成了跨越薩摩、大隅（鹿兒島縣）、日向（宮崎縣）三國，也就是日本最大的莊園。此外，忠實也與奧州平泉（岩手縣）的藤原清衡結盟，讓奧州成為攝關家的領地。

如果只是坐擁權力，等著別人捐贈莊園的狀態，藤原氏的式微應該會更早才對。然而，藉由打好穩固的財政基礎，克服了院政體制成形以及武家政權誕生等時代浪潮，仍舊維持作為強大名門的勢力。

以學識、藝術的力量維持地位

第五個重點就是文化的實力。或許可說這才是藤原氏得以永續的最大助力。

6 編注：由藤原家族長世世代代繼承、管理的封地。殿下指的是攝政、關白，多數情況下，由藤原家族長兼任。
7 譯注：面積單位，一町（步）為一百畝。

一般來說，很多人認為權力的來源是軍事力與經濟力，但就像現代國際政治也有人指出軟實力的重要性，可知文化水準具有讓人臣服的力量。以藤原氏為主的眾公家，之所以在政權遭到武家奪取後，仍能在中世之後以文化都市京都為據點保住命脈，也是因為在王朝文化中培養的文化實力遠遠超越武士。

以京都為據點的室町幕府守護大名自然不在話下，就連許多割據地方的戰國大名也是「文武雙全」、「能文善武」，包括兒童及家臣都要求精通文武。學習廣泛才藝鑽研文學，藉此磨練人格，透過精通和歌、連歌、文學等，對武將來說是提高地位的途徑。

此外，隨著武家社會的文化水準提高，要統治家臣或國人領主時，不僅要求武力，連文化涵養方面都需要有凌駕眾人的能力，因此具有重大的政治意義。

尤其和歌與連歌，對武士來說是必備的素養，以詠歌為前提知識的《古今和歌集》等歌集，還有《源氏物語》、《伊勢物語》等王朝文學也受到重視。在和歌的領域，有時會擷取古典文學中的名言或名場景，或是重視採用古歌句子的「本歌取」[8]技巧，因此武將也很努力吸收貴族留下來的文化遺產。

愈是學習，對於持續孕育這些公家文化、守護王朝傳統的藤原氏就愈是敬畏。儘管擁有這些知識與龐大資料的京都公家，遭到武家奪走霸權，但貴族仍然受到尊敬。

十五世紀後半應仁之亂後，持續不斷的戰亂導致莊園荒廢，公家的收入銳減，拯救他們的仍是文化、藝術的力量。學者、藝術家出身的公家可將自己抄寫的《源氏物語》等文學作品販售給富裕的武家，或是到地方教大名與其家臣和歌、蹴鞠[9]等技藝賺取生活費。深具涵養的藤原氏親身展現了「一技在身勝過千金」這句格言。話說回來，室町時代的學者三條西實隆，曾針對抄寫古籍滿腹埋怨，認為「甚無意義」，表達了零星販賣文化知識對公家而言也不是什麼開心的工作。

此外，由於要處理宮廷活動與寺社祭祀事宜，對於儀式流程、典故的熟知也很有優勢。例如，幕府想打造寺院，在開眼供養的儀式及各個典故考究上，都需要借助公家與僧侶之力。武家就算坐擁再大的武力及財力，也必須仰賴藤原氏長年在宮廷生活中累積的各類知識。

8 譯注：和歌創作的一項技巧，將著名的古歌擷取一兩句融入自己的作品。
9 譯注：即踢球。

祀奉藤原氏氏神的春日大社。西元768年（神護景雲2年），藤原永手受稱德天皇敕命建造本殿。

氏、姓與名字

前文是針對藤原氏能夠長久繁榮歸納出的主要原因，接下來換個角度，討論藤原氏的名字。或許先看過目次的讀者已經發現了，本書的前半部，也就是第一章到第四章，列出的人名幾乎都是姓藤原，相對地，第五章之後出現了近衛、西園寺等家名。要解開這個謎團，就要簡單來說明氏與姓。

氏與姓來自於古代的氏姓制度。氏，是由同樣血緣或是因為政治上的關係而組成的團體，每個氏分擔軍事、財政、祭祀等職務，服務朝廷。

姓，則是包括真人、大臣、大連、宿禰、君、直等這些表示在國政上地位或順位的稱號，由天皇賜予氏的代表者也就是氏上（這就是「賜姓」）。

後來，隨著皇族人數增加，脫離皇室成為臣子的人愈來愈多（即「臣籍降下」，皇室成員被取消皇族資格，取得姓氏與戶籍成為一般民眾）。由於皇族沒有氏也沒有姓，臣籍降下的皇族便由天皇授與一對氏與姓。此外，對於一些想要從特定的氏獨立出來的人，或是渡來人[10]也會授與新的氏與姓。在這個過程中，開始有將氏與姓成對授與的「賜姓」，或是氏與姓混淆不清，還有將氏名稱呼為姓名的習慣出現。久而久之，氏與姓變成同樣的意思，藤原、源這些是氏名，同時也會有人稱呼是藤原姓、源姓。

相對於氏、姓是由天皇授與的公開稱呼，名字（日文漢字又作「苗字」，也就是姓氏）則是因宅邸或寺院而自稱的家族名。平安時代之後，隨著藤原氏繁榮，分家變得多了，整個家族為了區分彼此，就會以宅邸所在地的地名來稱呼，據說這就是名字的起源。五攝家的近衛、九條、鷹司、二條、一條，這些都是當時宅邸坐落的道路名稱，其

10 譯注：指古代從中國或朝鮮半島來到日本的人。

他還有德大寺、西園寺、勸修寺等從有淵源的寺院名稱取名，或像山科、日野、葉室等是因為領地、菩提寺所在地而命名。

家名之所以分化，背後的原因是長久下來，比起藤原氏這個氏名，整體而言，直系的家族更受到重視。平安末年，每個家族能擔任的官職、升遷方式，以及收入都趨於固定，隨著家族分立的演進，眾人不再稱藤原氏這個氏名，而逐漸習慣以近衛、九條、西園寺等家名來稱呼。

另一方面，武家則是以祖先自古傳承的領地、宅邸所在的場所，或是職稱名來作為名字。著名的北條氏、足利氏，本姓各自是平氏與源氏，但名字的由來是根據地伊豆國田方郡北條鄉，以及下野國足利莊。

至於藤原姓的武士，號稱藤原秀鄉後裔的小山氏，家名的由來是根據地下野國都賀郡小山莊；其分支之一的結城氏則來自下總國結城郡。號稱藤原道兼後裔的宇都宮氏，家名則來自家祖宗圓曾擔任宇都宮（二荒山神社）座主職務。

順帶一提，佐藤、伊藤這些姓氏裡有「藤」字的，基本上都是藤原氏的庶系，據說是結合官職簡稱而來。例如，日本最多人的姓氏佐藤，其中的「佐」據說來自佐渡守、衛門佐、兵衛佐等職務；其他像是伊藤來自伊勢守、安藤來自安房守、加藤來自加賀守、近藤來自近江守、工藤來自木工助（專司營造、木材收集的木工寮次官）、齋藤來自齋宮頭（侍奉伊藤神宮皇女役所的齋宮寮主管）。

自古以來，很多人為了讓家世看起來更好，經常會有偽造族譜之類的行為。因此，有「藤」字的家族未必都是不比等的後代。但由藤原姓而來的姓氏有這麼多，從這項事實也能看出藤原氏在日本史上的影響力。

律令官制下主要的官位、官職

官位對照表	位階	上／下	太政官	八省（中務省之外）	衛府	國司	後宮
公卿	正一位		太政大臣				
	從一位						
	正二位		左大臣				
	從二位		右大臣 內大臣				
	正三位		大納言				尚藏
	從三位		中納言		近衛大將		尚侍
貴族	正四位	上					尚膳
		下	參議	卿			尚縫
	從四位	上	大弁				典侍 典藏
		下			近衛中將 衛門督 兵衛督		
	正五位	上	中弁				
		下	少弁	大輔 大判事	近衛少將		
	從五位	上	少納言		衛門佐 兵衛佐	大國守	掌侍 掌膳 典縫
		下		少輔		上國守	
官人	正六位	上	大外記 大史		近衛將監		尚書
		下		大丞 中判事		大國介 中國守	
	從六位	上		少丞	衛門大尉 兵衛大尉	上國介	尚殿 尚酒
		下		少判事 大主鑰		下國守	
	正七位	上	少外記 少史	大錄	衛門少尉 兵衛少尉		掌藏 尚兵 尚闈 尚掃 尚藥 尚水 尚書
		下		判事 大屬	近衛將曹	大國大祿	
	從七位	上				大國少祿 上國祿	
		下		大解部 少主鑰			
	正八位	上		少祿		中國祿	典藥 典兵 典闈 典殿 典掃 典水 典酒 掌膳 掌縫
		下		判事少屬 中解部	衛門大志 兵衛大志		
	從八位	上			衛門少志 兵衛少志	大國大目	
		下		少解部		大國少目 上國目 下國祿	
	大初位	上					
		下				中國目	
	少初位	上				下國目	
		下					

第一章——東亞的動盪與藤原氏的躍進

飛鳥時代到奈良時代

改變中臣氏命運的乙巳之變

藤原氏的繁榮，就從中臣鎌足與中大兄皇子（天智天皇）聯手發動打倒蘇我氏的政變（乙巳之變）開始。

中臣氏是以天兒屋根命為祖神的氏族，原本叫作卜部氏，負責朝廷的祭祀事宜。佛教傳入日本的六世紀中葉，與廢佛派的物部氏結盟，和崇佛派的蘇我稻目對立，很可能也是因為站在朝廷祭祀負責人的立場所致。中臣氏在鎌足之父御食子的時代，獲授由聖德太子制定的冠位十二階中第二位的小德冠，也參與了選定推古天皇接班人的會議，由此可知，中臣氏雖為神官，亦參與了朝廷的重要政務。

鎌足繼承中臣氏時，正值東亞地區動盪的時代。中國在七世紀前半，唐滅了隋，建立龐大帝國並進軍朝鮮半島，東亞各國為了對抗唐的威脅急於鞏固權力。朝鮮的百濟與高句麗相繼出現政變政權，試圖將權力集中，新羅則採納唐的制度推動國政改革。

受朝鮮半島情勢影響，倭（日本）也有知名望族蘇我入鹿累積了超越王族（天皇家）的實力，持續樹立獨裁政權。入鹿消滅聖德太子之子山背大兄王一族（上宮王家），讓他的堂兄弟古人大兄皇子即位，試圖將權力集中在蘇我氏手中來因應東亞局勢。

相對於此，中大兄皇子與鎌足則選擇建設以官僚制為基礎的中央集權國家，以提高國力。因此，為了排除蘇我氏的獨裁，趁著迎接朝鮮使節的儀式中，暗殺了蘇我入鹿。接著，女皇皇極天皇退位，由其弟孝德天皇繼位。在這之前，天皇（大王）原則上是終身制，而這成了日本史上第一次的生前讓位。由於這場稱為乙巳之變的政變成功，鎌足獲得天智天皇高度信任。隨後他也與天智天皇攜手推動大化革新的政治改革，在死前已獲得最高冠位大織冠及內大臣的官職，並且獲賜藤原姓。之後，持續一千三百年的藤原氏歷史，就從這裡拉開序幕。

至於藤原的由來並不清楚，最有力的說法是位於飛鳥北方與中臣氏有淵源的地名。此外，在壬申之亂獲勝的天武天皇制訂了八色姓[11]的新姓制之後，藤原氏在獲賜朝臣的姓後，正式稱為「藤原朝臣」。

為藤原氏打下基礎的不比等

繼承鎌足的遺志，並進一步發展的則是次男不比等。受到重用成為持統太上天皇親信的不比等，參考唐的律令，主導編纂日本獨特的大寶律令，打造律令國家的基礎；另一方面，他讓女兒進入後宮，建立與天皇家的姻親關係，藤原家因而以外戚之姿穩固掌握權力的基礎。兩名女兒之中，宮子成為文武天皇的夫人，生下聖武天皇，光明子則成了聖武天皇的皇后，生下孝謙天皇。

不比等利用天皇詔令企圖獨占藤原姓。自天武朝時期，中臣御食子弟弟之孫意美麻呂及大嶋，這些中臣氏族人也仿效鎌足的作法，自稱藤原姓。然而，六九八年（文武二年）一紙詔令發出，下令意美麻呂等掌管神事者要改回舊姓中臣，自此之後，明確建立只有不比等的子孫得自稱藤原朝臣，無論名義及實質上都代表藤原氏自此成立。

藤原氏的氏社、氏寺，也是在不比等的時代建設。根據描寫攝關政治時代的歷史故事《大鏡》所述（參見第一五九頁），藤原氏氏社春日社（春日大社）的起源是鎌足趁著遷都平城之際，前往三笠山山腳，從他原本信仰的常陸國一宮的鹿島社（茨城縣鹿島市）勸請，自此稱為春日明神。至於氏寺興福寺，則是一開始鎌足在山城國山科（京都市山科區）的私宅中安置佛像，成了山階寺。後來，到了不比等的時代遷移到藤原京成了廄坂寺，然後再因應平城遷都到現在的地點，定名為興福寺。

不比等的四個兒子，武智麻呂、房前、宇合、麻呂也都晉升到議政官的公卿。之所以演變至此，是因為長屋王之變。七二七年（神龜四年），聖武天皇與光明子的兒子基皇子誕生，才出生一個月就受立為皇太子。豈料基皇子在隔年死亡，讓藤原氏成為外戚的機會愈來愈小，同時，天武天皇之孫，即左大臣長屋王一族卻成為有力的皇位繼承者，地位備受矚目。

然而，就在隔年七二九年（神龜六年）二月，長屋王因為藤原四兄弟的計謀，被冠上「學習左道，企圖顛覆國家（詛咒聖武天皇）」的叛亂罪名，逼得整個家族都自殺身亡。事件發生後，光明子受立為后，兩年後宇合、麻呂也繼武智麻呂、房前成為公卿，誕生了藤原四兄弟政權。

11 編注：以與天皇親疏遠近所設置的階級姓氏制度，地位由高至低分為：真人（皇族成員，包括已降格為臣的人）、朝臣（皇室系統內的家臣，後期也授與皇子及皇孫）、宿禰（擁有相當勢力的豪族、諸侯）、忌寸（歸化者）、道師（世襲的技藝者，主要以為皇室服務的技藝者家族）、臣（朝臣以外的官員）、連（擁有一定地方勢力的豪族）、稻置（地方官）。

事實上，這個時代在政壇高層仍有大伴氏、多治比氏等自古侍奉朝廷的名門望族，但同一氏族在同一個時期出現四名公卿，這可是空前未有的狀況。四子之後各自興起南家、北家、式家、京家，子孫也陸續晉升到公卿，建立起壓倒其他氏族的藤原氏地位。

藤原仲麻呂之亂與道鏡的崛起

七三七年（天平九年），藤原四子因為疫病相繼身亡，導致藤原氏的地位一度低落，擁有皇族血統的橘諸兄引領政局。諸兄以學者吉備真備、僧人玄昉等人為智囊，試圖排擠藤原氏。七四〇年（天平十二年），遭貶到大宰府的式家藤原廣嗣在九州發兵，卻無法打倒當權者。

自廣嗣發兵後，聖武天皇離開平城京，陸續轉往近江（滋賀縣）、山城（京都府）等地。在這段期間，因為受到姑姑光明皇后支持而崛起的就是南家的仲麻呂（武智麻呂的次子）。仲麻呂為了防止橘奈良麻呂（諸兄之子）發動政變，排除這些抵抗勢力，他促成女婿淳仁天皇上台取代女帝孝謙天皇，自己掌握實權。之後，仲麻呂獲得淳仁賜名惠美押勝，並以臣下身分首次取得大師地位，這相當於律令制最高官職太政大臣。

然而，光明皇后過世後，眾人對仲麻呂的向心力不再，由過去權力受控的孝謙太上天皇主導國政。受到壓抑的仲麻呂急於掌控軍事權，反倒被認為是叛變，在他逃往北陸的途中遭到追討使殲滅。淳仁天皇則在被廢後放逐到淡路（兵庫縣）。

在這之後，孝謙重祚（再次登上皇位）成為稱德天皇，加上有了僧人道鏡這名左右手，便掌握了政治實權。道鏡受到女皇寵愛，步步高昇，成了太政大臣禪師，更晉升到法王的地位。不僅如此，道鏡還利用宇佐八幡神（宇佐神宮、大分縣宇佐市）的神諭，宣傳「若讓道鏡登上皇位則天下太平」，試圖染指皇位。不過，這道神諭被和氣清麻呂揭發是偽造，後來更因為女皇過世導致道鏡失勢，遭到流放下野（栃木縣）。

未婚的稱德天皇沒有皇太子，而在整個奈良時代擔任皇室血統傳承的天武天皇子孫，也因為持續多次的政爭而所剩無幾。就在這時，式家的藤原良繼、百川兄弟，以及北家的藤原永手等人偽造了稱德的遺言。一行人擁立天智天皇之孫、當時六十二歲的光仁天皇即位，並立皇后井上內親王所生的他戶親王為皇太子。然而，不久之後據說井上皇后因詛咒光仁導致他戶遭廢，由異母的弟弟桓武天皇繼位，迎來平安時代。

中臣氏・藤原氏譜系略圖①

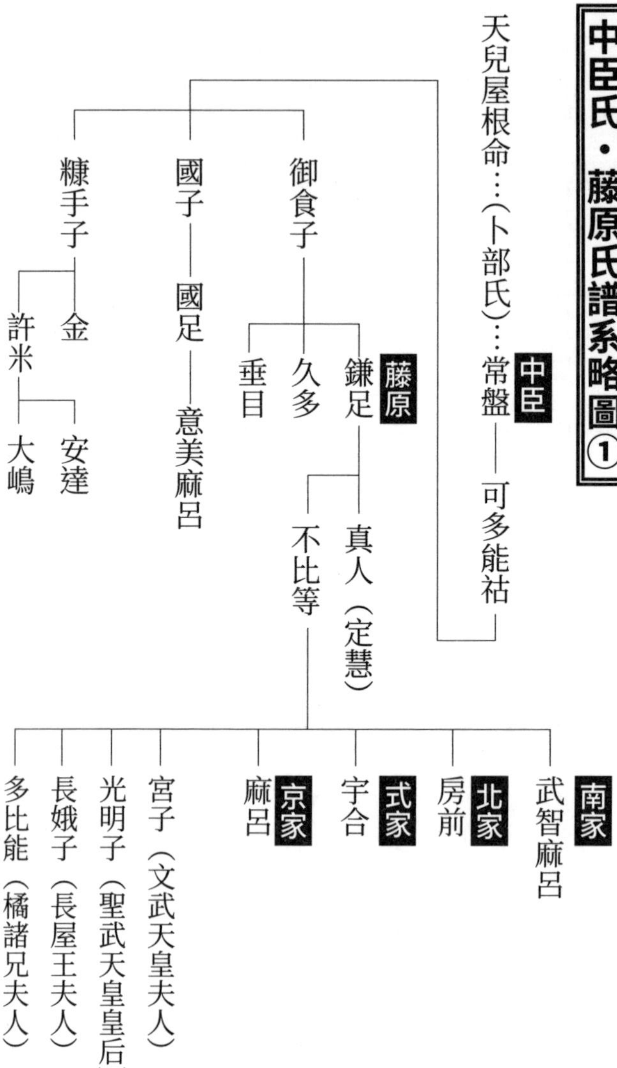

天兒屋根命……（卜部氏）……
中臣
常盤
可多能祜
御食子
國子
糠手子
藤原
鎌足
久多
垂目
國足
意美麻呂
金
許米
安達
大嶋
真人（定慧）
不比等
南家
武智麻呂
北家
房前
式家
宇合
京家
麻呂
宮子（文武天皇夫人）
光明子（聖武天皇皇后）
長娥子（長屋王夫人）
多比能（橘諸兄夫人）

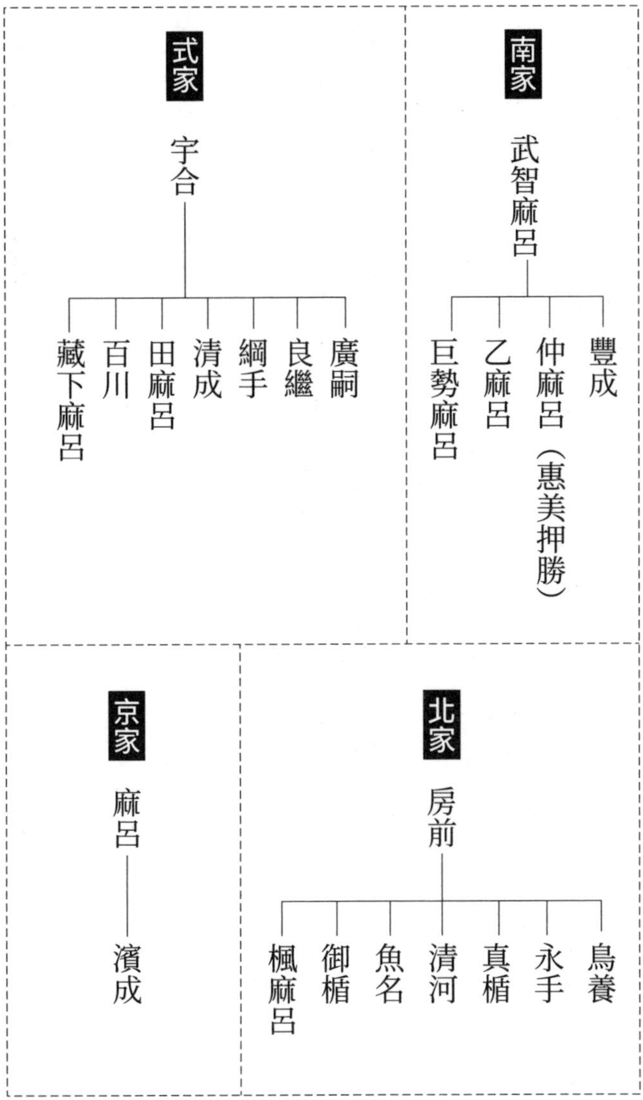
南家
武智麻呂
豐成
仲麻呂（惠美押勝）
乙麻呂
巨勢麻呂
式家
宇合
廣嗣
良繼
綱手
清成
田麻呂
百川
藏下麻呂
北家
房前
鳥養
永手
真楯
清河
魚名
御楯
楓麻呂
京家
麻呂
濱成

與中大兄皇子聯手開啟大化革新

藤原鎌足

生卒年 六一四～六六九年
父 中臣御食子
母 大伴智仙娘
家系 中臣氏

與中大兄皇子結識

六四四年（皇極三年）一月，中大兄皇子在法興寺（飛鳥寺）的欅木下踢球時，皇子抬腿一踢，鞋子掉落且順勢飛出去。當時撿起皇子的鞋，跪地以雙手捧起的就是中臣鎌足。根據《日本書紀》所載，這就是中大兄與鎌足結識的場景，而這也是藤原氏光榮歷史的第一步。

當然，這樣的場景並非偶然。前一年，蘇我入鹿將呼聲最高的皇位繼承人、聖德太子遺孤山背大兄王及其一族（上宮王家）全數殲滅，讓他的表兄弟古人大兄皇子登上皇位，為穩固蘇我氏獨裁體制而布局。在情勢如此動盪多變之下，始終抱定主意打倒蘇我氏的鎌足，認定了能實現自己計畫的盟主就是中大兄。

中臣氏是自古掌管朝廷祭祀事宜的家族，若是生長在平靜的年代，或許鎌足就一輩子當個神官。實際上，在這之前鎌足還受到任命為司掌朝廷神事的神祇伯，但他婉拒了，謊稱生病而隱居在攝津國三島（大阪府攝津市）。

據說過去曾任遣隋使前往隋的僧旻，說過無人能與自己的門生蘇我入鹿匹敵，唯有鎌足可勝。具備進步思想與先進知識的鎌足，要建設新國家得排除蘇我氏，就必須脫離執掌神祇之家的束縛。

暗殺入鹿與大化革新

因為在法興寺結識進而變得親近的鎌足與中大兄，在前往學問僧南淵請安的私塾學習儒教的路上，擬定了暗殺入鹿的政變計畫。並且邀來與蘇我氏本宗家對立的蘇我倉山田石川麻呂等人加入，於六四五年（皇極四年）六月趁著高句麗、新羅、百濟三韓使者來訪時，在向皇極天皇進貢的儀式上執行暗殺入鹿。

當時，中大兄命令警衛將宮廷的十二道門封鎖，自己則帶著長矛躲藏在大極殿暗處。儀式席間，由石川麻呂宣讀三韓上表奏文，然而，眼看著儀式就快結束刺客仍未現身行動，石川麻呂直冒冷汗、雙手發抖。「你為什麼發抖？」面對入鹿的質問，石川麻呂回答：「在大君（天皇）座前誠惶誠恐。」就在這時，中大兄高喊一聲「喝！」揮劍斬擊，與佐伯子麻呂一同除掉入鹿。隔天，入鹿之父蝦夷也在甘樫丘的宅邸中自盡，蘇我氏本宗家就此滅亡。

有人認為暗殺入鹿時鎌足並沒有發揮太大作用，然而，主導儀式，利用小丑讓入鹿放下戒心，巧妙地讓入鹿繳出配劍的正是鎌足。此外，他自己帶著弓箭在大極殿保護中大兄，還鼓勵了因為太過緊張而嘔吐的子麻呂等人，各種用心將計畫推向了成功。當初發現蘇我氏內部的對立，邀請石川麻呂合作也是鎌足出的主意。就像為劉備獻策的軍師諸葛孔明一樣，或許鎌足的作用就是運籌帷幄。

在這之後，皇極女皇將皇位讓給弟弟孝德天皇，完成史上首次生前讓位，朝著建設中央集權國家的大化革新就此展開。鎌足雖然位居內臣的地位，卻沒有在政治檯面上有太顯眼的活躍表現。這很可能是內臣代表的是諮詢者的立場，實際上他會和政治顧問僧旻、高向玄理共同處理國政。根據奈良時代成立的《藤氏家傳》，鎌足受天智天皇之命，編纂禮儀與律令。捨棄了過去的法律，加入需要的內容，幾乎已經編纂完成時，隔年鎌足就過世，據說在幾年之後完成了首部律令，也就是近江令。

另一方面，鎌足還將女兒們分別嫁給之後爭奪皇位的大海人皇子（天武天皇）及大友皇子（天智之子），看準了世代交替精準推動政治聯姻。大海人也很信任鎌足，甚至在壬申之亂時還曾感嘆，「倘若鎌足在世就無須如此辛苦了吧。」

天智即位的隔年，鎌足陷入病危。在天智探視時，鎌足獲得了大織這個最高冠位以及內大臣的地位，並且被授與藤原姓之後，就在隔日死去。鎌足成為藤原氏不過僅僅一天，當時任何人都沒預料到，這會在後世發展為日本第一的氏族吧。後來，藤原氏如藤葉繁盛，迅速發展。

建設律令國家與打造藤原氏發展的基礎

藤原不比等

生卒年 六五九～七二〇年
父 藤原鎌足
母 車持與志古之女
家系 中臣氏

無可比擬的偉大功績

根據描寫攝關政治時代歷史故事的《大鏡》，不比等其實是天智天皇的私生子，因為「無可比擬」的意義取名為不比等。當然，這些內容是後世的創作，但不比等的功績在藤原氏的歷史中確實沒有其他人可比。

鎌足有兩個兒子，長子真人年輕時便前往大唐，出家後法號定慧，但在六六五年（天智四年）歸國時就身亡，年僅二十三歲。代替早逝兄長繼承藤原氏的，就是次子史（之後改名為不比等〔ふひと（Fuhito）〕）。

父親鎌足身亡時，不比等十一歲。三年後，發生了大海人皇子與大友皇子爭奪皇位的壬申之亂，由大海人獲勝成為天武天皇。在這期間，不比等投靠山科（京都市山科區）

當地的望族，很幸運地沒有受到政變波及。事實上，一族中擁護大友的中臣金就遭到處決。此外，不比等的姊妹成為天武天皇的夫人（次於皇后、妃子的地位），也是很重要的後盾。另一種說法是，這時收留不比等的地方望族負責朝廷文書記錄，也就是「史」的職務，而由於「史＝ふみひと（Fumihito）」的關係，因此在這時將他稱名為「史」。

二十歲時，不比等與大化革新有功的蘇我倉山田石川麻呂之姪女娼子結婚，兩人生下了武智麻呂、房前、宇合。有人認為這是藉由加入名族蘇我氏的血統而提高藤原氏尊貴性的重要婚配。六八九年（持統三年），不比等受任為判事，也就是解釋律令的實務官人，在三十一歲成為官員，開啟他的職業生涯。

與持統女皇的合作以及巧妙聯姻政策

為不比等開拓榮耀之路的就是與持統女皇的合作。持統與天武天皇所生的草壁皇子年紀輕輕在六八九年（持統三年）過世，之後持統便堅持要由草壁皇子的遺孤輕皇子（文武天皇）繼位。當時，天武的皇子之中有多位都具有繼承皇位的資格，也有一股勢力反對十五歲的輕皇子接班，但就在六九七年（持統十一年），持統受到不比等等人的支持，實現了她的心願。

在這之後，不比等讓自己的女兒宮子進宮，成為文武天皇的夫人，這也可說是持統與不比等合作的證明。七一六年（靈龜二年），宮子生下的首皇子在十六歲時，不比等的另一個女兒光明子成為首皇子的皇太子妃，與天皇家締結了雙重姻親關係。之後，首皇子即位成了聖武天皇，藤原氏便以天皇家姻親的地位傲視政界，但這是在不比等死後的事了。

文武即位的隔年，發出了一道詔令，「藤原姓由鎌足之子不比等繼承，執掌神事者則恢復中臣姓」。當時，中臣氏之中有人受到鎌足功績的庇蔭，也自稱藤原姓。對不比等來說，父親的功績遭到利用想必心裡很不是滋味吧。自乙巳之變之後，為了廣為宣傳天皇家與藤原氏的特殊關係，鎌足的子孫必須獨占藤原姓，可以推測，這道詔令是在不比等的運作下所頒布。自此之後，藤原氏無論在名義與實質上的地位都已確定，身為天皇姻親的尊貴也更高一等。

隱藏國家千年大計的機關

在建設律令國家這項大事業上，不比等也留下了不朽的偉業，就是制訂大寶律令。天智天皇的近江令被視為是第一部日本律令，六八九年（持統三年）則有飛鳥淨御原令施行，但兩者皆僅為行政法令，並非相當於刑法的律。

文武天皇上位之後，更加正式編纂律令，並在七〇一年（大寶元年）具體頒布了大寶律令。實施之後，對於令的條文解釋也是由不比等親身執行，可清楚得知不比等除了是名義上的編輯委員，也參與了實務。相信是將他在三十一歲受命擔任判事之後的法律知識發揮到最大極限。主導律令編纂的不比等，官職也從中納言晉升到大納言。

大寶律令的制定是自大化革新之後，經過半個世紀摸索出的中央集權國家之建設集大成。不比等等人之後仍繼續摸索修訂工程，於七一八年（養老二年）完成養老律令，並在七五七年（天平寶字元年）施行。之後律令雖然僅剩架構，也未經過修改，就一直延續到了明治維新。此外，據說將「日本」正式定為國號的也是大寶律令。換句話說，日後維持超過千年的日本樣貌，就是由不比等等人一手打造。

事實上，在這項號稱國家千年大計的律令編纂事業中，不比等也帶入了保證藤原氏

藤原不比等譜系略圖

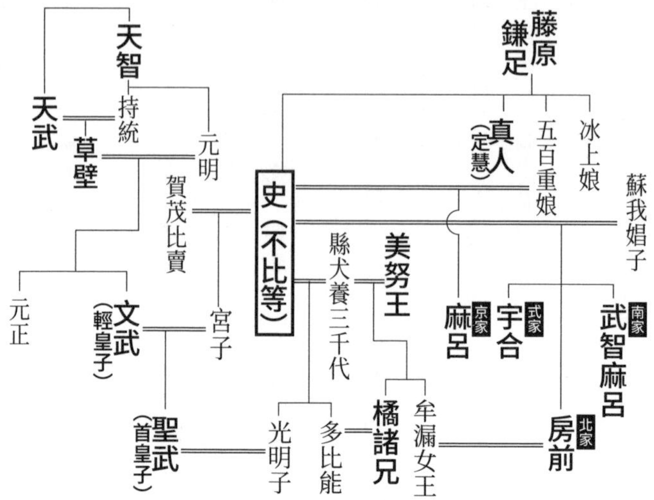

飛黃騰達的內容。那就是在序章說明過的蔭襲制。

這套體系是因應父母的地位來授與子孫位階，因此擁有愈高位階者，整個家族就能愈來愈繁盛。然而，在天武天皇的時代之前，臣下的冠位受到壓抑，幾乎沒有任何氏族真正受到這項制度的恩澤。另一方面，不比等將父親鎌足獲授的大織冠認定為大寶令的正一位，就此為武智麻呂、房前、宇合、麻呂等四個兒子開啟一條康莊大道，能夠獲得比其他氏族更有利的高位階。

看著其他氏族的子弟多半由從八位展開職涯，而藤原四子則一開始就獲得正六位的位階，遲早都能晉升到公卿。

這一套位階制機關也是提高藤原氏地位的基礎。

遷都平城與編纂史書

不比等成為右大臣的兩年後，也就是七一〇年（和銅三年），京都從藤原京遷至平城京。據說，這也是由不比等主導，而不比等的宅邸就蓋在成為皇太子的首皇子御殿旁邊，顯示了天皇家與藤原氏密切的關係。

文武天皇死後，在首皇子成人之前，有元明、元正兩位女皇即位，作為中繼。《古事記》、《日本書紀》、《風土記》等史書、地誌的編纂也都在這個時代，可以推測不比等參與了這些編纂作業。據說，《日本書紀》提到天孫降臨的神話，是不比等為了讓文武、聖武兩位天皇即位取得正當性，因為他們的母親都是臣下之女。

七一七年（養老元年），不比等的次子房前成為參議，與不比等同為藤原氏中同時出現的兩名議政官，這是自天智朝蘇我氏之後首見的壯舉。然而，四年後，不比等罹患重病，即使元正天皇為他下令大赦並在四十八寺讀經也枉然，仍於六十二歲身亡。

這時，不比等官拜正二位右大臣，之後又立刻受追封為正一位太政大臣。直到不比等孫子的那一代，都可因為蔭襲制度的恩澤，確保一位貴族子孫的地位。不比等打造律令國家的基礎，為藤原氏開拓繁榮的康莊大道，的確可說是無人可比擬的人物。

主導長屋王之變並打造南家興盛的基礎

藤原武智麻呂

生卒年 六八〇～七三七年
父 藤原不比等
母 蘇我娼子
家系 南家

不比等的長子武智麻呂在大寶律令施行同年，就以執行皇宮警護以及護衛天皇的內舍人，展開官人職涯。由於並非高階官職，家臣還因此大抱不平，但不比等告誡，「這是根據新的法而任命的職務。沒什麼好丟臉。」之後，武智麻呂擔任大學頭，負責打理教育事務；也曾擔任圖書頭充實書籍等等，職業生涯多以文官為主。他也是聖武天皇在皇太子時代負責教育的人員，據說本身也有豐富的學識教養。雖然他比房前略晚晉升公卿，但在父親死後他成為中納言，站上藤原氏之首的地位。

武智麻呂宣稱「希望在朝廷議論時平心靜氣，以和為貴」，但推測他在長屋王之變中擔任了主導的推手角色。從出現謀反密告的當天，弟弟宇合便率領衛府之兵包圍親王宅邸，效率之高讓人感覺這是經過事先策劃；隔天，武智麻呂自己更以糾問使的身分列出罪狀。這起事件之後，他就任大納言，成為政權高層，晚年就任右大臣，與房前切割，傳承次子仲麻呂開啟南家全盛之道。

受到天皇家特殊待遇的北家之祖

藤原房前

生卒年 六八一～七三七年
父 藤原不比等
母 蘇我娼子
家系 北家

房前是不比等的次子，但據說比兄長武智麻呂更受到父親的期待。他是四兄弟之中最早晉升公卿的，而即使律令中禁止皇族女性與臣下婚配，他仍獲得特殊待遇迎娶牟漏女王（美努王之女）為正室。

此外，七二一年（養老五年）文武天皇之母元明太上天皇在臨終前交代後事，據說只託付給內大臣長屋王與房前這兩人。不僅如此，這時，房前當上了祖父鎌足也曾擔任過的內臣，成為元正天皇的輔佐者，可說內外都稱心如意。換句話說，也是因為與皇室的近距離，才會獲得如此優渥的待遇。

房前與長屋王的交情深厚，也有一說認為房前並未參與長屋王之變。然而，房前於七二八年（神龜五年）就任新設的中衛府大將，政變之際中衛府士兵也曾包圍親王官邸，可見房前參與的可能性極高。日後，幾名兄弟先後成為天花的犧牲者，但房前在死後受到追封正一位左大臣，子孫則以北家傳承，之後成為藤原氏最大一股勢力。

藤原宇合

從外交、軍事到文事面面俱到的式家之祖

生卒年 六九四～七三七年
父 藤原不比等
母 蘇我娼子
家系 式家

藤原四子中在各方面都發揮才能的，正是式家之祖，三男宇合。二十三歲敘爵成為貴族，隔年，在多治比縣守為押使（最高負責人）的遣唐使團中擔任副使，與吉備真備、玄昉、阿倍仲麻呂等人一同入唐。返國之後，成為常陸守，在他任內《常陸國風土記》一作完成，因為文章格調高雅，也有人認為宇合參與了編纂作業。宇合也是一流的漢詩詩人，在日本首部漢詩集《懷風藻》中留下多首詩作。

在這之後，宇合接手武智麻呂，擔任式部卿（執掌文官人事、整合大學寮等事務的式部省長官）很長一段時間，這就是式家的由來。七二四年（神龜元年），宇合以式部卿兼任持節大將軍的身分赴東北遠征，鎮壓蝦夷叛亂。從文到武全方位展現他的迅猛活躍。在《懷風藻》中留下宇合感嘆的詩句，像是「風塵歲月不得休」、「幾度戰事教人倦」等。面對剛誕生不久的律令國家，為了鞏固基礎，藤原氏的官員都帶著驕傲與使命感參與政事。

藤原麻呂

熱愛音樂與飲酒的京家之祖

生卒年 六九五～七三七年
父 藤原不比等
母 藤原五百重娘
家系 京家

麻呂是不比等的四男，母親是姑姑五百重娘（鎌足之女，不比等的異母妹妹）。七二一年（養老五年），他成為左右京大夫（負責平成京行政事務的左、右京職之長官），這就成了日後京家的由來。

長屋王之變後，河內國古市郡的居民發現了殼上有「天王貴平知百年」圖案的烏龜，左京職便將之獻給朝廷，因為好兆頭而將年號自神龜改成天平，當時的左京職長官正是麻呂，或許是與幾位兄長圖謀滅了長屋王之後，想要一掃陰鬱的氣氛。在這之後，他成了執掌軍事的兵部卿，與式部卿的兄長宇合各自掌握文官與武官的人事，鞏固藤原四子在政界的權力。七三七年（天平九年），以持節大使的身分前往東北，鎮壓陸奥與出羽之間的雄勝村，以打開連接兩國的直通路徑。此次遠征雖然成功，但麻呂回京之後感染天花而身亡。這個在《懷風藻》、《萬葉集》都曾留名的文人，熱愛彈琴與飲酒。麻呂善待友人，相傳在他死時還有朋友難過到流下血淚。

藤原氏首次掀起武力暴動的武門派貴族

藤原廣嗣

生卒年　?～七四〇年
父　藤原宇合
母　石上國盛大刀自
家系　式家

藤原四子因為染上天花而全數身亡，取而代之成為政權高層的則是出身皇族的橘諸兄。諸兄是光明皇后的異父兄長，為房前之妻的同父母兄長，但聖武與光明之女阿倍內親王成為第一位女性皇太子之後，他便獲得反對此舉的官人所支持，並藉此祭出反藤原的態度。

眼見這個狀況並表示反對的，就是因為諸兄而遭貶到大宰府的藤原廣嗣（宇合的嫡子）。七四〇年（天平十二年）九月，廣嗣呈交上表文給聖武天皇，認為連續災害是因為政局惡劣，希望能除去諸兄身邊的玄昉與吉備真備，並且率領當地望族起兵。這是先前藉由與天皇家結合而發展的藤原氏一族，首次以武力要改變現狀。然而，由大野東人率領的政府軍以數千名兵力橫跨關門海峽，不消幾天就鎮壓住整個豐前地區（福岡縣、大分縣）。

另一方面，廣嗣計劃從大宰府兵分三路，打算在關門海峽附近的板櫃鎮集結，包圍政府軍。計畫卻因為政府軍迅速行動而受阻，之後他改變路線與弟弟綱手的部隊會合，並在板櫃川（北九州市小倉北區）與政府軍對峙。話雖如此，據說廣嗣軍總兵力多達一萬，完全抓住苦於賦稅過重的九州望族心理，進一步掌握了有組織的力量。

然而，政府軍早一步在九州全區散布記有聖武天皇發言的數千道敕符，上面寫著，「廣嗣生性凶殘，成長後更增奸巧。左遷大宰府原為令其反省，此時又使人陷入苦難。遲早將受天譴。」以巧妙的政治宣傳來離間廣嗣的支持者。

板櫃川戰線陷入膠著，政府軍佐伯常人不斷勸降。廣嗣回答，「我並非對抗朝廷，只想糾舉搗亂朝廷的兩人。」另一方面，卻對「若傳達天皇命令為何發兵？」的常人詢問無法反駁，更以馬匹驅趕，這下子讓愈來愈多人從廣嗣軍中倒戈向政府軍。眾人一旦發現這次行動並非為了疲弱的民眾，而是滿足廣嗣個人的野心，很快就失去了民心。

情勢明顯趨於下風的廣嗣，與綱手逃亡到朝鮮半島的濟州島附近，卻因西風而被吹回五島列島的值嘉島，遭到逮捕，沒等到天皇下令就被處決。《續日本紀》中記述了廣嗣化為冤魂詛咒殺害了政敵玄昉的傳說。

藤原光明子

首位臣下出身的皇后，對佛教興盛有諸多貢獻

生卒年 七〇一～七六〇年
父 藤原不比等
母 縣犬養三千代

古代的皇后都是出身皇族，這是因為皇后具備指名繼任天皇的重大發言權，甚至有時候會自行即位當作中繼。

而打破這項規則，首次以臣下身分成為皇后的就是不比等的女兒光明子（安宿媛）。十六歲時，她和同年齡的首皇子（母親為光明子之姊宮子）結婚。當首皇子登基為聖武天皇後，光明子成為夫人，又在長屋王之變後成為皇后。當時，聖武與光明子只有阿倍內親王（孝謙天皇）這個孩子。過去並沒有立皇女為太子的前例，據說正是因為這個目的才立光明子為后，藉此提高她的地位。

在這之前，聖武的母親宮子接受了皇太夫人的稱號。藤原氏成功地冠上了「皇」字，但一旦牽涉到立后仍然會引起很大的反彈。聖武在立后的敕令中以四百年前仁德天皇為例，強調「臣下皇后並非前所未有」，但端出神話一般的事例，反倒強調了此事並非尋常。就這樣，藤原氏的女性為成為皇后開拓一條新道路，藉此穩定與天皇家建立外

戚關係。

雖然遭受反彈，光明皇后仍不甘只淪為花瓶，她協助個性內向的丈夫，始終站在政局第一線。尤其熱衷參與的就是振興佛教。她用玄昉自大唐帶回來的佛經目錄，花了二十年的時間將多達七千卷的《一切經》（網羅佛教經典集結而成）抄寫完成。此外，除了信仰聖德太子興建法隆寺東院之外，還建設了興福寺的五重塔、西金堂，以及將不比等宅邸改建為法華寺等。根據《續日本紀》所載，在佛教史上占有一席之地的東大寺大佛、國分寺、國分尼寺，這些建設也都來自光明的建議。

據說光明以中國唯一的女皇帝武則天為典範，推測在全國各地建立寺院，也是仿效武后在各州設立大雲寺。聖武死後，光明將超過六百件以上的遺物捐獻給東大寺，成為正倉院的寶物流傳至今。

七四九年（天平勝寶元年），聖武讓位給孝謙天皇，使得光明的地位更加提升。光明成為皇太后，並將專屬機構皇后宮職改組為紫微中台，授與和太政官不分上下的權限，任命南家仲麻呂為長官紫微令。由此可以看出，當時的光明實質上已是太上天皇的地位。她以天皇家家長身分掌握大權，並將政務交給甥兒仲麻呂，代替年輕的孝謙女皇施政，穩定政局。

藤原仲麻呂

超越不比等地位的奈良時代強勢政治家

生卒年 七〇六～七六四
父 藤原武智麻呂
母 阿倍貞媛
家系 南家

擁護光明皇太后而提高權勢

仲麻呂是武智麻呂的次子。上面還有個長他兩歲的同母兄長豐成，但兩人個性呈現對比，豐成個性敦厚，廣獲眾人喜愛；相對地，仲麻呂據說天生聰慧，通曉典籍。

姑姑光明皇后非常賞識仲麻呂的才智。藤原廣嗣之亂後，聖武天皇陸續遷都至恭仁京（京都府木津川市）、紫香樂宮（滋賀縣甲賀市）等地，仲麻呂跟隨聖武與光明，在這段時期地位迅速竄升。七四三年（天平十五年），他在三十八歲成為參議，以政議官身分正式進入政壇。

七四九年（天平勝寶元年），孝謙天皇即位後，仲麻呂在受到光明皇太后後援之下，登上權力的階梯。成為大納言、中衛大將的仲麻呂，職位在他之上的仍有左大臣橘

藤原仲麻呂譜系略圖

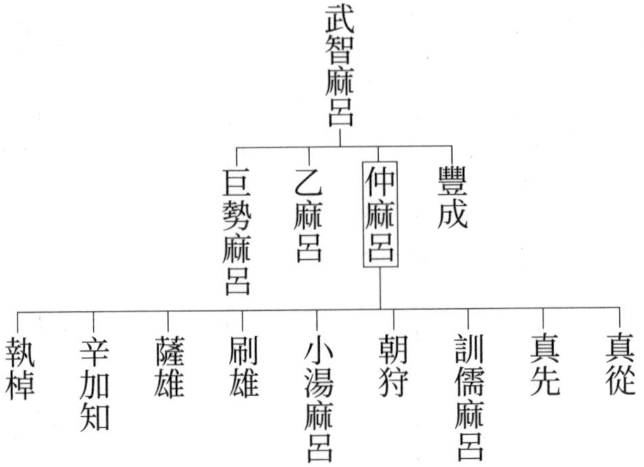

諸兄以及右大臣的兄長豐成等人，但擁有實權的是成為皇太后直屬紫微令的仲麻呂。

七五七年（天平勝寶九年），仲麻呂與光明皇太后合謀，以素行不良的理由廢黜孝謙的皇太子道祖王（天武天皇之孫），改立自己的女婿大炊王（淳仁天皇）。《續日本紀》中評論當時的仲麻呂，「一人掌握重要的政務，眾人對此局勢皆感嫉妒」。

橘諸兄之子奈良麻呂也是其中一人。奈良麻呂集結了長屋王遺孤、大伴、佐伯、多治比氏等多股反藤原勢力，企圖殺害仲麻呂以及廢除大炊王太子身分。然而，這項政變計畫因為有人告密讓仲麻呂事先得知，最後幾位主謀在拷問下死於獄中，或是遭到流放之刑。將反對勢力掃蕩一空的仲麻呂，在七五八年（天平寶字二年）主導孝謙讓位給淳仁，仲麻呂獲得淳仁賜名惠美押勝，並在兩年後首次以臣下身分獲任相當於太政大臣的大師。仲麻呂因為無盡的權勢慾望，終究讓他的地位超越祖父不比等。

惠美押勝之亂

站上權勢巔峰的仲麻呂，光明皇太后之死成了他命運的轉捩點。過去受到光明限制權力的孝謙太上天皇，立刻發揮了主體性，開始牽制仲麻呂的專權。孝謙發出詔令，宣布將祭祀等小事交給淳仁，賞罰等國家大事則由她來處理，等於從淳仁手中奪走天皇大權。這段時期，孝謙相當寵愛為自己治病的僧人道鏡，據說淳仁曾向孝謙勸諫這層關係，導致兩人產生嫌隙。

仲麻呂進行大規模的人事異動，讓兒子、心腹擔任太政官，鞏固地位，但這反而招致眾人更加不滿。在政治層面上，雖然擴展奧羽版圖出現成果，但征討新羅只停留在策劃階段，試圖鑄造新錢幣穩定物價也沒有展現預期的成效，向心力逐漸低落。

面對壓力的仲麻呂，終究祭出了掌握軍事大權的強硬手段。自己擔任統率畿內及周邊各國軍兵的職務，試圖藉此將大軍集結到平城京。然而，孝謙這一方的行動更快，出動了坂上苅田麻呂（田村麻呂之父）等人，從淳仁手中奪走象徵天皇大權的鈴印（驛鈴與印璽），讓淳仁無法對諸國發布軍令。取得優勢的孝謙不但將仲麻呂的行為視為謀反，更將他解任大師，並撤除藤原姓。

另一方面，仲麻呂在無法保障淳仁人身安全之下逕自前往近江，或許是打算逃往兒子擔任國守的美濃（岐阜縣）或越前（福井縣）地區吧。但孝謙一方燒毀了作為交通要衝的瀨田唐橋（滋賀縣大津市），阻斷了往東國的通道。據說是希望將仲麻呂逃亡路線限制在琵琶湖西岸，就能從南北展開夾擊。至於為孝謙一方擬定這個策略的參謀，就是過去遭到仲麻呂貶降的吉備真備。

逃亡過程中，仲麻呂擁立同行的皇族冰上塩燒為天皇，並封自己的兒子藤原真先、朝狩為相當於親王的三品。他還使用太政官印將此事通知各國，命令眾人不要服從孝謙敕令，並不輕言放棄。

然而，最後的掙扎仍告失敗，仲麻呂一行人在越前愛發關落敗，逃往琵琶湖後在湖上遭到擊潰。仲麻呂與向來自己當作後盾的王權正面敵對，最後招致滅亡。他以自身證明了祖父不比等打造的律令國家實力之強大，可說是相當諷刺的結果。

協助桓武天皇即位而鞏固式家晉升的基礎

藤原百川

生卒年 七三二～七七九
父 藤原宇合
母 久米若賣
家系 式家

七七〇年（神護景雲四年），稱德天皇在沒有皇太子之下，以五十三歲離世，由相當於天智天皇之孫的六十二歲光仁天皇即位。策劃這次有別於常態即位的其中一人，就是式家的藤原百川。當時，右大臣吉備真備擁立的是天武天皇之孫文室淨三、大市兄弟，百川與兄長良繼、北家永手聯手，偽造了稱德命白壁王為太子的遺詔，在會議席上讓人唸出來，使得真備無法反駁。因為光仁即位，斷絕了自壬申之亂後持續的天武皇統，暌違大約一世紀後，再次回到天智天皇的體系。

兩年後，因為詛咒光仁的罪名，皇后井上內親王與皇太子他戶親王遭廢，取而受到擁護的是他戶的異母兄長山部親王（桓武天皇）。據說，這也是百川等人的陰謀。桓武相當信任百川，之後，百川之女旅子成了桓武的夫人，並生下淳和天皇，百川之子緒嗣與姪子種繼也受到重用，式家迎來全盛時期。《續日本紀》中提到，「天皇信任百川，如同心腹，內外政務全數交付，無所不知」。

成為遣唐使，最後長眠於中國的北家貴公子

藤原清河

生卒年 ？～？
父 藤原房前
母 片野朝臣之女
家系 北家

遣唐使是自飛鳥時代到平安初期，為了輸入學習唐朝文化、制度的文物而派遣的使節。由於當時的造船與航海技術尚未成熟，航海可說是賭上性命的行為，很多人即使抵達大唐也無法順利回國。作為遣唐大使前往大唐的清河也是其中一人。

七五二年（天平勝寶四年），清河抵達長安晉見唐玄宗，隔年與阿倍仲麻呂一同踏上歸途。當時，搭乘第二船的鑑真好不容易抵達日本，但清河搭乘的第一船卻漂流到沖繩，後來更到了越南，船隻也受損。無可奈何再回到大唐的清河，獲得唐玄宗賜名河清，留下來出仕唐朝，等待回國的機會。

六年後，雖有遣唐使船駛來，但唐朝正值安史之亂，不肯發出許可讓清河歸國。後來清河在大唐待了將近二十年，其間雖然曾委託渤海、新羅的使者轉送書信回日本，但因為遣唐使中斷導致無法回國，最後客死他鄉。七七八年（寶龜九年），清河與唐人之間生下的女兒喜娘來到日本，但日後下落不明。

深度專欄

北家之外的三家後續故事

藤原四家之中，僅次於北家輩出公卿的就是南家。武智麻呂的長子豐成與其子繼繩為右大臣，但孫子乙叡擔任中納言時，因為伊予親王謀反事件遭到連坐處罰而失勢。乙叡的曾孫清貫成為大納言，但也遭到據說是菅原道真冤魂的落雷擊中而破胸，死於非命。四男乙麻呂之子是公在桓武朝成了政局高層右大臣，卻在其子雄友成為大納言時謀反而受連坐之災失勢。

武智麻呂的五男巨勢麻呂雖因參與仲麻呂之亂而遭到斬首，但南家子孫是相對最繁盛的。其中有像是據說因北家藤原師輔導致外孫即位受阻而化作冤魂的大納言元方，以及平安末年成為後白河上皇近臣、集權勢於一身的信西，都是出自南家。

至於式家，百川的子孫之中有受命鎮壓平將門與藤原純友之亂的藤原忠文，藏下麻呂的子孫中則有留下《本朝文粹》、《新猿樂記》等作品的文人藤原明衡。京家除了編撰《令義解》的雄敏、有「琵琶之祖」稱號的貞敏之外，還出現許多在和歌、舞樂方面大展才華的文人。由此可知，北家之外的三家在平安中葉之後，多半以中下級官員、實務官僚的身分存續，只有少數占據政權中樞。

第二章——北家的崛起與攝關政治的確立

平安時代前期

式家的繁榮與藥子之變

本章介紹自八世紀末到十世紀中葉之間的將近一百五十年，這段時期北家鞏固了成為藤原氏主流的地位，同時更確立與天皇的外戚關係。以如日中天之勢累積權力，開始大大撼動日本歷史。

奈良時代末年到平安初期，帶來繁榮的是對光仁、桓武兩天皇即位有功的式家子弟。宇合的次子良繼為內大臣，其弟百川與藏下麻呂則是參議，都受到兩天皇的器重。另一方面，京家的濱成因為反對桓武即位遭貶到大宰府，七八二年（天應二年）冰上川繼（冰上塩燒之子）的侍從混入宮中被捕，供出要暗殺桓武讓川繼上位的陰謀。川繼遭到流放，身為岳父（妻子的父親）的濱成參議一職也遭到解任（冰上川繼之亂）。不僅如此，雖然與川繼之間的關係不明確，北家的左大臣魚名亦遭到貶職。據說這場桓武為了肅清政敵川繼與濱成的計策，以及式家為了打擊其他家族策劃的冤獄事件，其實真相都不明朗。冰上川繼之亂後，良繼之弟田麻呂成了右大臣，皇太子時代嫁給桓武的良繼之女乙牟漏成為皇后。這是自光明子之後藤原氏再度成為皇后，乙牟漏生下兩名皇子，日後即位為平城天皇與嵯峨天皇。百川之女旅子也成為桓武天皇的夫人，生下淳和天皇。

式家迎來一族的巔峰時期，卻在負責監督打造長岡京的種繼（宇合之孫）遭暗殺之後，逐漸喪失實力。被懷疑牽涉這起事件的皇太弟早良親王（桓武之弟）遭到廢黜，但他主張自己的清白最後絕食身亡。據說桓武害怕早良的冤魂，成為遷都平安的主要原因之一。而在桓武死後，種繼之子仲成、藥子兄妹擁立平城上皇，試圖推翻嵯峨天皇（藥子之變），這場政變成了式家沒落的關鍵轉捩點。

攝政、關白的誕生

取代式家成為藤原氏主流的是北家。掌握這次契機的是房前的四代孫兒，也就是右大臣內麻呂之子冬嗣。他受到嵯峨天皇的信任，在藥子之變前受到提拔成為新設的藏人所長官藏人頭（天皇的機要祕書），十幾年之內就晉升到左大臣。此外，冬嗣讓女兒順子入宮，成為皇太子正良親王（仁明天皇）之妃。冬嗣死後，順子生下的皇子即位，成為文德天皇，北家從此成為天皇外戚，掌握大權。為了藤原氏子弟開設的教育機構勸學院，也是在冬嗣這個時代設立。

延續冬嗣的路線，進一步穩固北家地位的則是冬嗣的次子良房。

良房不僅倚靠與天皇家的姻親關係，他巧妙策劃政變，藉此穩固權力基礎。在承和之變中，橘氏與伴氏擁立皇太子恒貞親王（淳和天皇之子）企圖謀反，良房撤換掉恒貞，改立妹妹順子之子道康親王（文德天皇）為皇太子。

此外，在文德天皇年紀輕輕過世後，良房便讓女兒明子與文德之子，也就是清和天皇即位，成為年僅九歲的首位幼帝，而太政大臣良房則自己處理政務。據說，這就是實質上攝政的開始。對文德天皇來說，良房是母親的兄長，但同時也是妃子的父親（岳父），這樣的關係在攝關政治上就是典型的姻親關係。

接續良房打下的基礎進一步發展的，是其兄長良之子，後來也成為良房養子的基經。清和讓位給九歲的陽成天皇後，基經受命擔任攝政，但陽成在十七歲時又讓位給相當於叔祖的光孝天皇（文德天皇之弟），光孝當時已五十五歲。至於讓位的理由，自古以來的說法都是陽成在宮中將乳母之子毆打致死，但也另有一說是實際上陽成以母親高子（基經之妹）的權力為後盾，試圖親政，才遭基經廢黜。

這時，光孝天皇對基經下達了「統整所有官員輔佐天皇」的敕令，這就等於是實質上關白的開始。接下來，宇多天皇在二十一歲登基時，將政治相關事務全數交給基經，並以「關白天下諸事」下達詔令，定下了「關白」的職稱，自此之後，開啟北家嫡系獨占攝政、關白之路。

到了這個時代，綜觀藤原氏全族除了北家之外，其他三家鮮少有公卿出現，更沒有晉升到大臣的後代。就連進入天皇後宮的女性，幾乎也都出自北家。只不過，自仁明到宇多六代天皇，除了陽成之外都有藤原氏的女兒進入後宮，卻沒有人獲立為在位中的皇后，只有和不比等的女兒宮子一樣，在皇子登基之後成為皇太夫人。從這個角度來看，可說藤原氏出身的女性被視為較低的地位。此外，這個時代後宮也從「皇后－妃－夫人」的順位，轉變為「皇后－女御－更衣」。

順帶一提，因為陽成遭到廢位使得清和一系斷絕，身為清和後裔的清和源氏無法以朝廷貴族身分繼續發展。然而，自清和之孫源經基之後，清和源氏與桓武平氏都以武家之姿繁盛下去，到了十二世紀末期源賴朝建立鎌倉幕府，從貴族手上奪取政治主導權，開啟了接下來持續七百年的武士盛世。

攝關政治的確立

基經死後，宇多天皇未設關白，重用基經嫡子時平與學者菅原道真主導政務，史稱「寬平之治」。接下來的醍醐天皇在位長達三十四年，同樣未設攝關而親政，其治世稱為「延喜之治」，與村上天皇的「天曆之治」同為後世稱作天皇政治的盛世。

時平雖然沒有成為攝政、關白，但藉由讓他的妹妹穩子進入醍醐天皇後宮，成為推動後代北家繁榮以及建立攝關政治的一大助力。九〇一年（昌泰四年），造成齊世親王（醍醐的異母弟弟）的岳父右大臣菅原道真失勢後，時平藉此鞏固在朝廷的地位（昌泰之變），但三十九歲便英年早逝，北家嫡系則移到其弟忠平一支。

對忠平而言，幸運的是醍醐天皇死後再次遇到幼帝即位。九三〇年（延長八年），其妹穩子生下的朱雀天皇在八歲即位，忠平則自父親基經之後，睽違將近五十年擔任攝政，在朱雀元服後成為關白。朱雀同母之弟村上天皇登基之後，忠平仍繼續擔任關白，在他七十歲過世時共擔任了二十年的攝關。如此長期主政的結果，形成了在天皇幼年時期擔任攝政，成人後成為關白的慣例，據說也開啟了攝關政治。

另一方面，忠平政權後期出現了在關東平將門，以及西國藤原純友陸續的叛亂（天慶之亂），也讓貴族社會陷入前所未見的危機。將門在京時侍奉忠平，之後占領關八州自稱「新皇」，同時呈送忠平一份答辯書。

忠平死後，村上天皇未設攝關，出現「天曆之治」的親政時期。村上死後，藤原師輔（忠平的次子）女兒安子之子冷泉天皇，在十八歲即位，而忠平嫡子實賴成為關白。自此之後，除了後醍醐天皇的建武新政等時期之外，攝關成了常設的官職，一直延續到幕末。

然而，實賴與冷泉天皇並無姻親關係，屬於「揚名關白」（意思就是掛名關白），據說實權都掌握在安子的兄弟伊尹、兼通、兼家之手。雖然攝關政治穩定發展，但事實上比起攝政、關白的地位，與天皇之間的血緣關係更受重視。之後，攝關家的主流轉移到師輔手中，攝關政治在兼家之子道長的時代來到全盛時期。

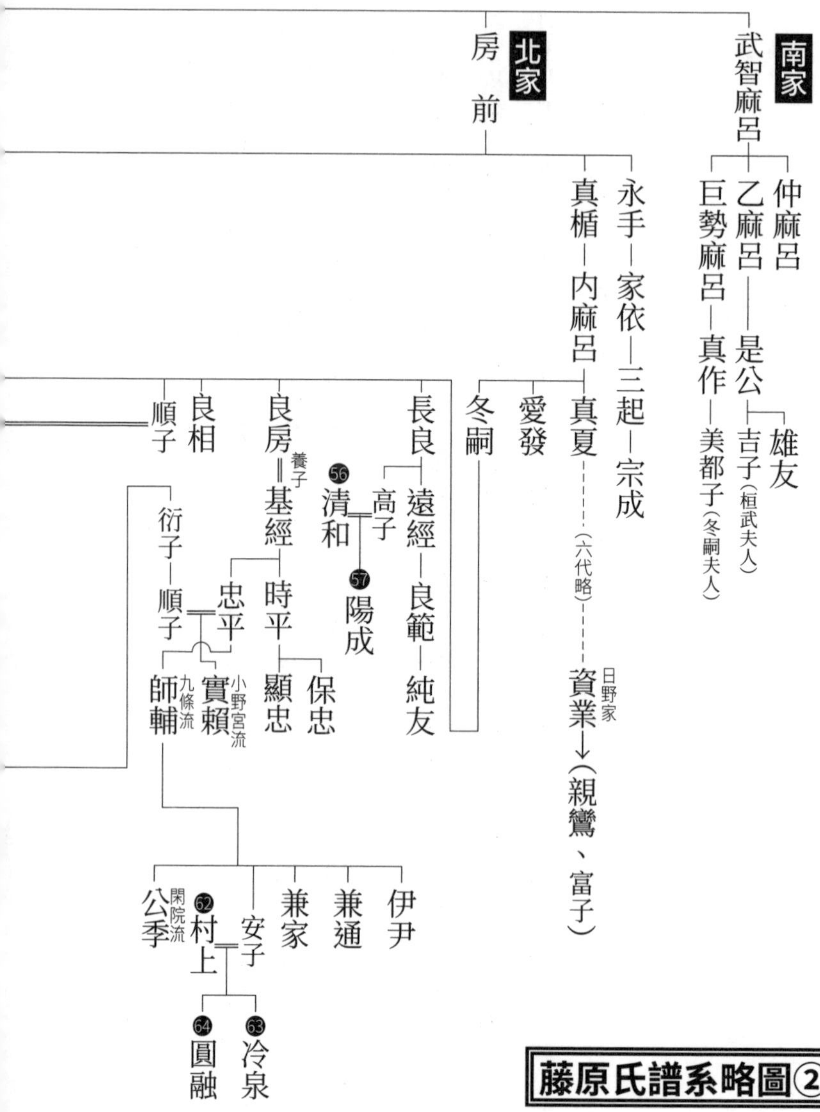
南家
武智麻呂
仲麻呂
乙麻呂
巨勢麻呂
是公
雄友
吉子（桓武夫人）
真作
美都子（冬嗣夫人）
北家
房前
永手
家依
三起
宗成
真楯
内麻呂
真夏
（六代略）
日野家
資業
（親鸞、富子）
愛發
冬嗣
長良
遠經
良範
純友
高子
56 清和
57 陽成
良房
養子
基經
時平
保忠
顯忠
忠平
小野宮流
實賴
九條流
師輔
良相
順子
衍子
順子
伊尹
兼通
兼家
安子
62 村上
閑院流
公季
63 冷泉
64 圓融

藤原氏譜系略圖②

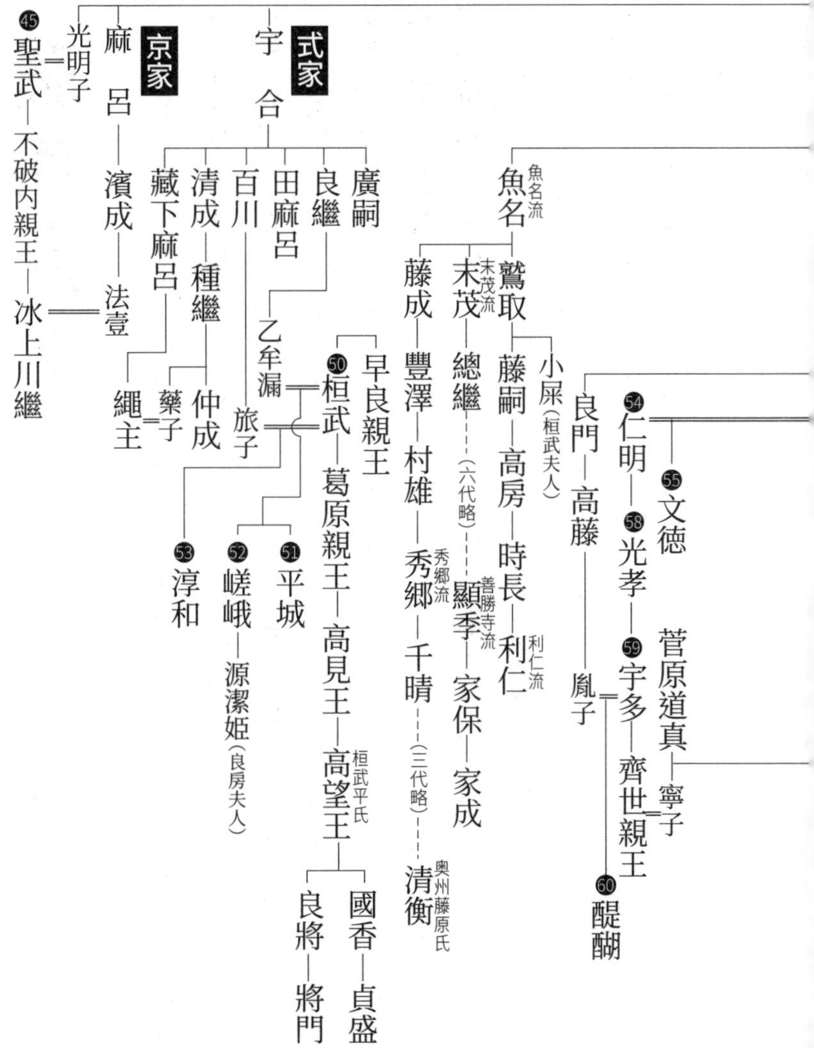

※圓圈內的數字是根據「皇統譜」的天皇代數

因冰上川繼之亂而失勢的北家佼佼者

藤原魚名

生卒年 七二一～七八三年
父 藤原房前
母 片野朝臣之女
家系 北家

房前死後，北家雖然在政界沒有顯著活躍的表現，仍舊出了不少高位高官。房前的次子永手成為左大臣，有助擁立光仁天皇，三男真楯受到聖武恩寵晉升大納言，甚至連仲麻呂也感到嫉妒。其子內麻呂成為右大臣，子孫作為攝關家飛黃騰達。

在永手、良繼這些擁立光仁上位有功者一一過世時，地位迅速竄升的就是房前的五男魚名。歷經鎌足、房前也擔任過的內臣，在桓武天皇上位後不久，魚名立即成為左大臣，躍升為政權高層。然而，隔年七八二年（天應二年）因受到冰上川繼之亂連坐，在任內僅半年就遭解職。至於魚名為何受到連坐懲處，原因不明。從魚名之子鷲取的女兒成為桓武夫人來看，也可能是因為式家的陰謀，為的是讓良繼的女兒乙牟漏成為妃子。

魚名沒有再回到政界，而是在失意之中度過一生，但他的子孫之中有藤原秀鄉、利仁這些傳奇武人，還有在院政時期以白河、鳥羽上皇近臣掌握權勢的藤原顯季、家成等人。顯季的子孫被稱為善勝寺流，出現包括四條家在內的多名公卿。

以「德政相論」留名的剛烈臣子

藤原緒嗣

生卒年 七七四～八四三年
父 藤原百川
母 伊勢大津之女
家系 式家

七九四年（延曆十三年），桓武天皇遷都平安京，為持續四百年的平安時代揭開序幕。桓武特別花心力的就是打造京城以及征討蝦夷，但這些對財政與人民的負擔都很大。八〇五年（延曆二十四年），桓武要學者菅野真道與藤原緒嗣針對天下德政而議論。

緒嗣是百川的長子，自幼即受到桓武的寵愛，二十九歲受提拔擔任參議，但同時他也是個據說「只要關係國家利害的重大事件必定上奏」的剛烈漢子。和真道一同接受諮詢的緒嗣，主張「天下之苦乃源自軍事與建設，只要停止這些就能讓人民安居」。乍看似乎是對於桓武的批判，但這兩大事業都已逐漸有成，也有人認為議論本身就是已有結論的演出罷了。

話說回來，緒嗣重視民政，致力於充實地方行政與救濟百姓確為事實。兩大事業的中斷或許也展露了緒嗣的信念。然而，剛烈頑固的個性成了敗筆，據說他在朝廷內孤立無援，晚年也被北家的權勢壓制。

藤原藥子

與平城上皇共同策劃還都平城京

生卒年　？～八一〇年
父　藤原種繼
母　不詳
家系　式家

八〇六年（延曆二十五年）桓武天皇駕崩，式家乙牟漏之子平城天皇即位。平城是桓武的長子，但他歷經了一番曲折才成為皇太子。原本桓武的接班人是弟弟早良親王，卻因他涉及長岡京營建負責人藤原種繼的暗殺事件而遭廢除，之後才改立安殿親王（平城）為皇太子。然而，據說事件的背後有桓武想讓平城繼承皇位的私心，很可能是起冤案。為此，平城天皇對於為自己即位創造契機的種繼長子仲成與女兒藥子特別重用。

仲成似乎也是很優秀的策士。在平城即位的隔年，他的異母弟弟伊予親王企圖謀反，之後與母親吉子（南家是公之女）一同遭到幽禁最後自殺。這起謀反因為北家宗成的自白而曝光，但南家雄友（吉子之兄）與乙叡也因連坐處分而遭解職，有一說法為這實際上是仲成為了一掃南家勢力，操縱宗成策劃的政變。

沒想到這起事件反倒折磨著平城天皇。事件之後，平城懼於伊予的冤魂，上位僅僅三年就讓位給同母之弟嵯峨天皇。平城命仲成修復平城宮，帶著寵愛的藥子與官員移往舊都。

藥子也是一名很強勢的女性。她除了將與式家繩主之間生下的長女嫁給時為皇太子的平城為妃，據說藥子自己也出入平城的寢宮，與平城發生關係，還被震怒的桓武天皇趕出去。平城即位後，她擔任宮廷女長官尚侍，再次受到平城寵幸。尚侍是個指揮官員並且負責天皇詔令發布的重要職務。

進入平城宮的平城上皇，透過藥子陸續發布一道道詔敕。當時，現任天皇與讓位之後的上皇之間，職務的分擔並不明確，兩者幾乎擁有同樣的權威。因此，朝廷裡的權力由平城與嵯峨瓜分，出現了稱為「二所朝廷」的狀況。到了八一〇年（弘仁元年），平城上皇終於下令還都平城京。據說這是因為平城想奪回皇位，或是仲成與藥子煽動平城，希望藉此抬高權勢地位。

然而，嵯峨天皇的因應更迅速。先是射殺還在平安京的仲成，並派遣坂上田村麻呂逮捕平城。發現失敗後的藥子則服毒自殺。因為這場藥子之變，上皇的權力受到限制，從此確立了天皇權力獨一無二的地位。本來想掌握操縱上皇權力的藥子等人，他們的野心最後反倒加強了天皇的權力。

奠定北家興盛的第一代藏人頭

藤原冬嗣

生卒年　七七五～八二六年
父　藤原內麻呂
母　百濟永繼
家系　北家

在藥子之變後式家沒落，取而代之的是迅速崛起的北家。而為其興盛奠定基礎的，則是在魚名失勢之後成為北家代表的右大臣內麻之子，冬嗣。

他從嵯峨天皇在皇太子時代即出侍，在八一〇年（大同五年）嵯峨新設藏人所，冬嗣受到提拔成為藏人所長官，也就是藏人頭。當時，嵯峨與平城上皇呈現嚴重對立，這項官職設立的目的就在於不再透過像藥子這類女官，確保天皇有其他管道可直接向太政官傳達命令。藏人頭雖然是令制規定之外的令外官，但作為天皇的首席祕書官備受重視，在平安時代成了通往公卿之路的墊腳石。

藥子之變的隔年，成為參議名列公卿的冬嗣，接下來因為有了嵯峨深厚的信任而迅速升遷，十幾年就晉升為左大臣。除了將女兒順子嫁給嵯峨皇子正良親王（仁明天皇）為妃，為將來布局，同時嫡子良房也迎娶嵯峨皇女源潔姬為妻，為天皇家與北家締結更深厚的姻親關係。順子與仁明天皇之間生下的道康皇子，日後即位成為文德天皇。這時，冬嗣雖然已經過世，仍留下重大功績，開啟了北家成為天皇外戚掌攬大權之路。

八二一年（弘仁十二年），藤原氏的官員培養機構勸學院成立，目的是進行成為官員必須的教育，以及救援無依無靠、貧窮的藤原氏人，這不僅是為了北家，而是考量到整個藤原氏的發展。隔年，天台宗開山始祖最澄在生前向朝廷請願設立延曆寺大乘戒壇（為出家者授以戒律的場所）的許可通過，建立起該寺成為佛教教學中心繁盛的基礎，在這背後也有冬嗣的努力。

冬嗣巧妙悠遊政界為北家繁盛打造基礎，但有人認為是因為背後有父親內麻呂周密的布局。內麻呂把未來政權交替列入考量，將嫡子真夏安排在平城天皇身邊，並讓冬嗣出侍嵯峨，就為了北家的安穩發展。結果皇室正統轉移到嵯峨，冬嗣便占據北家嫡系的地位。興福寺南圓堂是冬嗣為了追思父親而建，後來也成了象徵北家繁榮的佛堂，備受尊崇。

另一方面，真夏由於在藥子之變後也侍奉平城上皇，官位僅止於從三位參議。他的子孫在山城國宇治郡日野（京都市伏見區）建立法界寺，自稱日野，這系在鎌倉時代之後也出現多位公卿。淨土真宗的開山始祖親鸞以及足利義政的正室日野富子都是這一系。

藤原良房

首位以臣子身分攝政開啟攝關政治時代

生卒年 八〇四～八七二年
父 藤原冬嗣
母 藤原美都子
家系 北家

開啟外戚之道的承和之變

嵯峨天皇之下首位藏人頭冬嗣，良房就是他的次男。良房的母親是南家出身的美都子，身為尚侍深得嵯峨的信任。嵯峨相當疼愛年輕的良房，說他「氣質與德行之高非常人可比」，還將女兒潔姬嫁給他。

良房以嵯峨的信賴為後盾，仕途走得相當順遂，八三四年（承和元年）便以三十一歲成為公卿，隔年超越七名上位者成為權中納言。此外，良房將妻子潔姬所生的女兒明子嫁給仁明天皇（嵯峨之子）的皇子、也相當於自己外甥的道康親王（文德天皇）。

這麼一來，只要兩人生下的皇子即位，良房就能輕鬆成為天皇的外祖父，但要達成這個目標就必須先讓道康上位。然而，這時期天皇家處於由嵯峨與其弟淳和上皇兩系輪

藤原良房譜系略圖

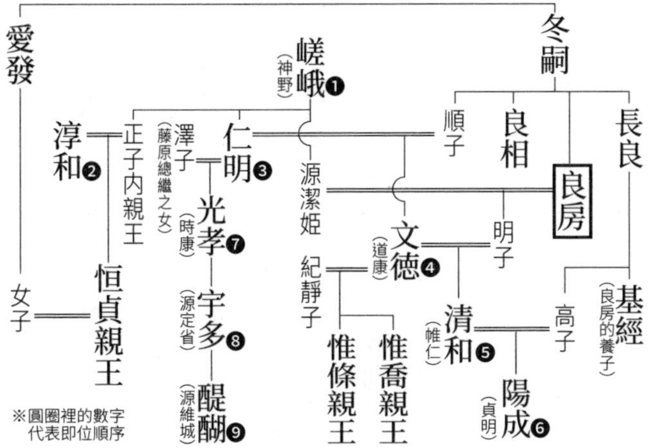

流在位的狀態，仁明的皇太子為淳和上皇之子恒貞親王。

在這個狀況中，發生了承和之變。八四二年（承和九年）七月，就在嵯峨駕崩的兩天後，伴健岑與橘逸勢試圖擁立恒貞打倒仁明策劃政變而遭到逮捕。事後恒貞被廢，健岑與逸勢遭到流放，恒貞的岳父北家藤原愛發也被放逐。道康親王取而代之成為皇太子，良房則取代愛發晉升為大納言。

這起事件來自最大受益者良房的陰謀，這個說法可信度很高，但其實仁明應該也希望是由自己的孩子道康接班，因此很有可能是兩人共謀策劃這場政變。此外，也有人認為這是為了消滅伴、橘氏等他氏勢力的事件，但對良房來說，最危險的是恒貞即位而讓愛發成為外戚。藤原氏的政爭逐漸演變為北家內部的爭鬥。

良房就任攝政與應天門之變

八五〇年（嘉祥三年）文德天皇即位，良房的外孫帷仁親王成為皇太子。話說回來，聰穎的文德對於良房的專權自然感到不是滋味，據說他希望外戚紀氏的第一皇子惟喬親王即位。但因為文德本來就體弱多病，登基八年後僅僅三十二歲就身亡，九歲的帷仁即位成為清和天皇，出現了史上首位幼帝。

然而，幼帝並無處理政務的能力，顯然需要有個代為管理政務的人，身為太政大臣的外祖父良房就成了這項任務的人選。這也是眾人公認實質上攝政的開始。日後，當良房的養子基經受命擔任陽成天皇的攝政時，清和上皇的命令是，「要像忠仁公（良房）輔佐我這般侍奉新帝」，由此可看出良房擔任相當於攝政的任務直到清和元服。至此，攝行天下政事的攝政一職誕生，開啟了攝關政治的歷史。

另一項與良房就任攝政相關的事件就是應天門之變。八六六年（貞觀八年），皇宮正門的應天門遭人縱火。起初大納言伴善男與右大臣藤原良相（良房之弟）指出犯人就是左大臣源信。但不久之後又有新證詞，表示真凶其實是善男之子中庸，後來善男遭到流放，古代名族伴（大伴）氏此後完全沒落。

在這起事件發生期間，良房再次受到清和天皇之命，「攝行天下政事」，因此也有說法認為這是攝政的開始。但這時清和已經元服，可以推測這其實只是任命良房解決事件的暫時性調度。對良房而言，更重要的是遭到誣陷的源信退出政壇，弟弟良相也辭去右大臣職務，良房的對手可說一掃而空。這起事件最大的獲利者可說是良房。

良房雖極盡榮華於一身，但除了女兒明子之外沒有其他孩子。因此，他收養了哥哥長良之子基經為養子，還讓其妹高子進入清和後宮。高子原與因《伊勢物語》而知名的在原業平相戀，基經卻阻撓兩人的愛情安排高子進宮，令人哀傷。高子生下的貞明親王（陽成天皇）在八六九年（貞觀十一年）二月，以出生三個月之姿，成為前所未見年幼的皇太子。由此可看出，良房有多執著想於在世時將基經的權力當作墊腳石。

擁立老帝並成為日本史上榮登關白大位第一人

藤原基經

生卒年　八三六～八九一年
父　藤原長良
母　藤原乙春
家系　北家

貞明親王被立為太子三年之後，良房在六十九歲過世，接著取而代之享有北家榮華的就是他的養子基經。基經獲任右大臣，四年後，在九歲的陽成天皇即位時成為攝政，掌握實權。但陽成日漸成長，逐漸發揮在政務上的主體性。對此，基經的應對充滿心機，他在家中足不出戶，還不時提出辭呈。朝廷眾臣也因奉承基經，拒絕工作，導致朝廷政務停滯。最後，陽成因為體弱多病的理由，在位不過八年就被逼退位。

取代陽成受到擁立的是五十五歲的光孝天皇。對於原本幾乎不可能繼承皇位的光孝而言，自然十分感激基經，給了他莫大的權力，除了輔佐天皇還統率百官。這道命令雖然沒用到「關白」二字，從權限的內容來看，已可視為實質上的關白宣下。另一方面，光孝似乎將自己當作中繼過渡的天皇，將所有皇子女都當作臣子，展現一己毫無野心。然而，光孝僅在位三年就過世，立刻換上作為皇太子的第七皇子源定省登基成為宇多天皇。在他上位後下達的詔令中表示，「一切大小事宜皆需關白太政大臣（基經）」，這便成為關白一職的由來。

宇多的母親是皇族，可能也因為這樣，藤原氏沒有成為外戚，因此他與基經的關係並不算好。兩人的爭執在「阿衡事件」中可明顯看出來。宇多在任命基經為關白時，令親信橘廣相擬撰詔書，其中有「以阿衡之任」的語句。阿衡是中國殷朝傳說中名宰相伊尹受任的官職，卻並無實權。

基經對此吹毛求疵，認為宇多要強迫自己接受一份沒有實權的名譽職務，再次怠工，延宕政務。但站在廣相的立場，他可能只是想炫耀自己對中國古代的知識。然而，廣相將女兒嫁給宇多，從他試圖成為外戚的立場來看，自然會被基經當作目標，希望看到他失勢。此外，也有人認為，基經想要藉由這個機會在制度上確認關白的地位。

後來，宇多承認了廣相的錯誤並且賠罪，讓基經的女兒溫子入宮，打算就此平息風波。但宇多於基經在世時始終未能掌握實權，據說甚至連皇宮也進不得。心懷怨恨的宇多，在基經死後不設攝關，並重用學者菅原道真試圖牽制藤原氏。加上下一任的醍醐天皇親政，使得攝關職一度在政壇上消失。

藤原時平

不畏菅原道真怨靈的剛毅貴公子

生卒年 八七一～九〇九年
父 藤原基經
母 人康親王之女
家系 北家

關白基經的嫡子時平，似乎是個性格剛毅之人。根據《大鏡》的內容，在大宰府最終含恨而亡的菅原道真，據說他的冤魂化作雷神，導致皇宮清涼殿遭雷擊。時平聽聞後拔刀平息冤魂，「你在世時地位已不如我。現在即使成了雷神，也請你與這個世界保持距離。」此外，在朝廷的政務處理上，有時也會做出不通情理的決定。或許他遺傳了父親基經強硬的個性吧。

基經死後六年，在八九七年（寬平九年）宇多天皇讓位給醍醐天皇。醍醐在位期間未設攝關而親政，後世稱為「延喜之治」。在這段治世的前半段，擔任天皇左右手主導政務的就是藤原時平與菅原道真。

父親死去時，時平是二十一歲的青年公卿，之後的仕途也一片平坦順遂，以二十九歲之姿就登上左大臣之位。《大鏡》中以「深具大和魂之人」來形容他，並描述他在政治上的手腕與為人處世的卓越。九〇一年（昌泰四年），他安排妹妹穩子進入醍醐後宮，穩子日後成為朱雀、村上兩天皇的母親，等於是為北家帶來榮華的女性。

同年，右大臣菅原道真因遭判謀反之罪而被貶到大宰府，罪狀是企圖逼退醍醐，擁立女婿齊世親王（宇多與橘廣相之女的兒子）上位。這一起稱為昌泰之變的政變，據說是時平策劃來排除其他氏族的事件之一，但學者出身成為大臣的道真，他罕見地在政壇上平步青雲，引起周遭人士反彈，也是不爭的事實。道真未能如願返回京城，兩年後就在大宰府過世，享年五十九歲。

時平繼續引領朝廷，但在道真過世的六年後，他也以三十九歲之齡死去。眾人流傳這是因為道真的冤魂作祟。而在平安末年完成的史書《扶桑略記》中提到，道真的靈魂化為青龍，進入時平體內，然後再從耳朵現形。不僅如此，穩子之子，皇太子保明親王在二十一歲過世後，醍醐似乎也畏懼冤魂，除了恢復道真的官位，還取消他的貶職等，以各種方式安撫怨靈。九三〇年（延長八年），皇宮遭到雷擊，讓醍醐的驚恐達到最高點，三個月後即以四十六歲之齡駕崩。

時平死後，北家嫡系的地位轉移到其弟忠平。時平的長子保忠在父親死去時還很年輕，僅二十歲，無法繼承父親的權力。據說，次子顯忠之所以能活到六十八歲長壽，而且晉升到右大臣，除了他謙遜的為人，還有每天都在院子裡祭拜天神。

藤原秀鄉

因討伐平將門成為貴族的傳奇武人

生卒年 ？～？
父 藤原村雄
母 鹿島之女
家系 北家魚名流

平安遷都後過了幾十年，在朝廷裡因為官員增加，愈來愈多人放棄在中央發展，轉向以地方為據點。藤原秀鄉就是這類地方官員的後代。

他的祖先是左大臣魚名。其子藤成獲得下野（栃木縣）的大介職而赴任，與當地望族鳥取業俊之女生下了豐澤。藤成之後升遷轉往西國，豐澤則成了下野當地的官員，並獲得廣大土地累積實力。豐澤的孫子就是秀鄉。

秀鄉的前半生充滿謎團。在瀨田唐橋擊退巨大百足蜈蚣應該只是傳說，但想必他是個勇猛的人物。已知在十世紀初期，他曾帶領當地武士與下野國府敵對並遭到流放。當時，在關東盜賊橫行，秀鄉一家也接獲任務前往鎮壓，有時候似乎也與盜賊合作，對抗國府。事實上，當時若稍有差錯，很可能後來秀鄉也會與平將門同樣被視為謀反分子遭到討伐。

九世紀末，高望王獲賜平姓（桓武天皇的曾孫）被派到關東，將門就是他的孫子。他與攝關家的藤原忠平締結主從關係，並憑藉這股權勢在一族之間不斷爭取領地。九三九年（天慶二年），他接下了調停常陸（茨城縣）望族與國守間對立的任務，卻發生意料之外的戰鬥，進而占領了常陸國府。將門趁勢不斷進攻，壓制關東，甚至自稱新皇，宣布自中央獨立。

朝廷受到國家存亡危機的震撼，命式家的藤原忠文為征東大將軍前往討伐。另一方面，也同時命令關東的在地望族征討將門，並答應賜予五位以上的位階，可說是前所未見的賞賜。這個能成為貴族的機會可不能輕易放過。秀鄉與將門的對手平貞盛（將門的堂兄弟）聯手，鎖定了農民兵回到鄉村的農忙時期，出兵燒毀將門的根據地。

九四〇年（天慶三年）二月，在強烈的季風之中，秀鄉、貞盛與將門面臨最後決戰。一開始，處於上風的將門軍取得絕對優勢，壓倒秀鄉等人，但後來風向一變，秀鄉率三百多名精兵直搗敵軍大本營。據說貞盛射箭正中將門落馬，秀鄉便策馬趨前砍下將門的首級。亂事之後，秀鄉從六位一口氣晉升到從四位下下野守，貞盛則升到從五位上，子孫都是武士之家代代繁盛。秀鄉之子千晴仕奉源高明，雖然在安和之變後沒落，但其弟千常一系則衍生出佐藤、小山、結城氏等。至於傳給子孫的武藝，後世尊為秀鄉流的典範，而秀鄉也成為傳說中的武藝之祖。

藤原純友

於天慶之亂中成為一方主角的北家旁支

生卒年　?～九四一
父　藤原良範
母　不詳
家系　北家長良流

就在與平將門之亂幾乎同一時間，藤原純友也在瀨戶內海掀起亂事。純友的父親良範是北家長良之孫，與時平算是堂兄弟的關係。雖然有高貴的血脈卻只是旁系，良範終其一生都僅為從五位下的低階貴族。接班人純友也以伊予掾之職前往四國赴任，雖然討伐瀨戶內海海賊有功，卻沒有獲得滿意的賞賜，據說他就在失意之下扎根當地。

純友突如其來發兵，是在三年後的九三九年（天慶二年）十二月。他組織一群人，跨越瀨戶內海，和麾下的藤原文元一同攻擊備前（岡山縣）的國司。純友打遍西國各國後，終於抵達九州並占領大宰府，卻在博多津大敗給小野好古、大藏春實等朝廷的討伐軍，後來逃到伊予（愛媛縣）遭到逮捕並被斬首。

純友希望能成為中央貴族獲得任官，但過去討伐海賊的功勞遭到抹煞，累積了許多不滿，也因為優良的血統才讓他被擁立為反叛軍首領。或許，攝關家族的高貴血統，正是將純友推上滅亡之路的原因。

受人稱頌為「利仁將軍」的傳奇武人

藤原利仁

生卒年 ?～?
父 藤原時長
母 秦豐國之女
家系 北家魚名流

芥川龍之介的作品《芋粥》，典故就出自《今昔物語集》。大致的內容是關白藤原基經手下有個位居五位的侍從，到了同僚藤原利仁妻子家中吃到了朝思暮想的芋粥，卻因為吃得太多而昏倒的故事。其中提到的利仁就是後世所稱的「利仁將軍」，而且被奉為越前、加賀齋藤氏、富樫氏等北陸武士之祖的人物。

利仁是繼承左大臣魚名血統的北家旁系，成為越前望族有仁的女婿，以敦賀為根據地。曾任上野介、上總介等東國受領，在這期間奉朝廷之命鎮壓下野國高藏山的盜賊，從此名震天下。九一五年（延喜十五年）就任奧州軍政官鎮守府將軍。根據《今昔物語集》的記載，他受朝廷之命擔任征討新羅的將軍，卻遭到大唐的法全阿闍梨的詛咒，在出征途中於山崎（大阪府島本町）身亡。這故事聽來荒誕無稽，但考量利仁根據地位於與朝鮮密切往來的敦賀這樣的背景，可以說是人們把奧州蝦夷與新羅都視為蠻夷的心態所致。

藤原忠平

以二十年長期政權奠定北家全盛的基礎

生卒年 八八〇～九四九年
父 藤原基經
母 人康親王之女
家系 北家

忠平是基經的四男，他卻不像一般北家人走菁英路線，而是另闢一條特殊的仕途。他在二十一歲時成為參議，但很快地就把地位讓給叔父，自己則擔任太政官事務官之首，右大弁。八年後重新回到公卿之列，但之後他的升遷很慢，成為左大臣時已是四十五歲，是在時平死去後的十五年。忠平侍奉宇多上皇，和菅原道真很親近，據說與醍醐天皇的關係相當疏遠。

由於忠平的妻子是道真親戚，他並未參與昌泰之變，而在道真遭流放到大宰府之後，他仍與道真往來並安慰對方。因為這樣，忠平並未受道真冤魂騷擾。相傳無論是忠平的子孫，或是非嫡系的忠平能繼承攝關家，都是因為與道真的友好關係而獲得亡靈守護，為繼承北家取得正當性。

另一方面，鎌倉時代出現的民間故事集《古事談》記載了下列的內容：醍醐天皇時代，有位相命師進宮時見到時平與道真，他說，「時平想得太多，道真才華過人，不能算是理想的宰相」。接下來，他指著坐在末席的忠平，「此人無論才能、心智、外貌都無話可說」，表示忠平才是個理想的領袖人物。但這段小插曲，想必也是基於忠平勢必成為嫡系繼承的心態而由後人創作的吧。

忠平的好運，是因為時平安排妹妹穩子進入醍醐後宮，之後生下了寬明、成明兩位皇子。朱雀天皇（寬明）在八歲即位，忠平則獲任為攝政，並且在朱雀元服後成為關白。後來，朱雀讓位給村上天皇（成明）時，忠平也持續受任關白。忠平擔任攝關一職長達二十年，據說日後成了在天皇幼年時期設攝政、成人之後設關白的慣例，攝關政治自此確立。此外，由於忠平也精通宮廷禮儀，他的日記《貞信公記》受到重視，被奉為儀式指南。

忠平根據自身多年執行公共事務的經驗，因應社會變化調整治理方式。由於當時乾旱等狀況帶給農村重大打擊，他便花很多心思振興農業，包括荒地再開發，以及加強監察非法國司等。此外，基於戶籍不正確的現況，他將過去以人為單位課徵的人頭稅，改成對土地課徵的稅制。據說，這項改革確立了日後持續到明治時期的土地單位稅制。正因為事務官熟悉地方實際狀況，才能不受制於律令制的原則進行大刀闊斧的改革。

藤原實賴

建立小野宮流宮廷禮儀的「揚名關白」

生卒年 九〇〇～九七〇
父 藤原忠平
母 源順子
家系 北家小野宮流

忠平死後，村上天皇未設攝關而採由親政，後世稱為「天曆之治」。在這段期間，以政壇高層輔佐政務的就是忠平的長子實賴，以及次子師輔。

根據《大鏡》的描述，實賴在各方面的知識豐富，氣度磊落堪稱社會模範。精通有職故實[12]，將傳承自父親忠平的禮儀、典故等集結成小野宮流的儀式禮法，和師輔的九條流都成為宮廷禮儀的指南，受到後世崇敬。

實賴安排女兒述子進入村上天皇後宮，但她隔年就亡故了。另一方面，師輔之女安子生下三皇子，但師輔在九六〇年（天德四年）驟逝。七年後，冷泉天皇即位，任命實賴為關白，看起來兄弟之爭似乎是實賴獲得勝利。

然而，由於實賴與冷泉沒有姻親關係，實權其實掌握在安子的兄弟伊尹、兼通等人手上。實賴曾在日記中自嘲寫道，「當個揚名關白（掛名關白）不如辭掉得好」。兩年後，雖然成為圓融天皇的攝政，但狀況並未改善，再隔一年，於七十一歲時過世。

打造九條流繁榮的道長祖父

藤原師輔

生卒年 九〇八～九六〇年
父 藤原忠平
母 源昭子
家系 北家九條流

在道長時代來臨之前，為攝關家繁榮打下基礎的，就是忠平的次子師輔。他的女兒安子是冷泉、圓融兩位天皇的母親，另外，伊尹、兼通、兼家三個兒子都擔任過攝關，遠遠勝過兄長實賴的小野宮流。

然而，師輔自己卻比兄長早離世，享年五十三歲，沒能看見家族享受榮華的景象。根據慈圓的《愚管抄》，師輔在知道自己將死之際，立下了要讓子孫成為攝政與外戚的心願，就在比叡山打造了法華堂。

師輔是建立九條流宮廷禮儀的知識分子，他還留下一份《九條殿遺誡》的家訓給孩子們，讓他們知道如何成為上流貴族。裡頭除了高級官員必須遵守的日常規定與必備的素養外，還有許多在宮廷裡維持人際關係的細節，像是「不與不善者同席，若不克離席

12 譯注：對日本歷史、文學、官職、朝廷禮儀進行考證的學問。

則噤聲不語」、「非不得已絕不造訪他人家中」、「不談論自家狀況」等。在處處充滿權謀的公家社會中，需要有巧妙的處世之術才能不失足並順利存活。

深度專欄

成為「怨靈」的藤原氏

奈良時代之後，隨著政治鬥爭愈來愈激烈，開始有人相信受到命運捉弄慘死之人化為怨靈。只要有相關人士身亡，或者出現疾病、遭遇災害時，許多人就會認為是冤魂作祟，讓人心生恐懼。

像是早良親王、菅原道真、崇德上皇等人都很有名，但藤原氏成為怨靈的人也不少。比較為人所知的就是與師輔相爭的南家元方。元方期待女兒所生的村上天皇第一皇子廣平親王即位，卻因為師輔的外孫冷泉天皇在出生後兩個月就受立太子，大受刺激而身亡，據說為此詛咒冷泉及安子。而師輔也因為對兄長實賴懷恨而化為怨靈，相傳他還曾說過要讓小野宮絕子絕孫。

至於掀起保元之亂的藤原賴長的冤魂，據說就是比叡山強訴[13]以及京城起

13 譯注：平安時代中期之後寺院神社集體向朝廷強烈表達訴求的行為。

火的原因，在朝廷中經常要討論鎮撫冤魂的對策。對為政者而言，安撫冤魂無非是維持和平的一種「政治手段」。

如果政治人物在掌權的過程中，對於其陷害的人們感到良心的譴責或恐懼而生出怨靈，那麼，或許怨靈也可說是反映出政治史另一面的鏡子。

第三章——

道長時代迎來全盛期的攝關政治

平安時代中葉

兼家擔任攝政與「一座宣言」

十到十一世紀中葉，攝關政治迎來全盛時期，這也是日本歷史上藤原氏最輝煌的時代。而開啟這個時代的關鍵事件之一，就是安和之變。

九六九年（安和二年），廢除東宮守平親王（圓融天皇）的陰謀被揭發，左大臣源高明受到連坐而被貶職。稱為安和之變的這起事件，據說是藤原氏排擠其他氏族的最後一起事件，之後，針對攝關與外戚地位，主要都是北家九條流師輔子孫之間的爭奪。

在揚名關白實賴死後，相當於圓融天皇舅舅的伊尹（師輔嫡子）成為攝政。但伊尹因病在短短兩年就辭職，於是弟弟兼通與兼家之間，為了攝關之職不斷出現骨肉相爭。結果雖然是兼通獲勝，但他當上關白後五年就過世，痛恨弟弟的兼通竟在死前任命堂兄弟賴忠（實賴之子）接任關白，而將兼家貶職。

關白賴忠深得圓融的信任，但立為中宮的女兒卻沒能生下皇子。另一方面，兼家的女兒之中，詮子生下圓融唯一的皇子懷仁親王（一條天皇），超子則和冷泉生下居貞親王（三條天皇），相較之下，兼家處於壓倒性有利的立場，反倒與圓融的關係疏遠。

九八四年（永觀二年），圓融讓位給姪子花山天皇（母親為伊尹之女），懷仁被立為皇太子。賴忠接班成為關白，但由於他與花山並無外戚關係而是「外人」，因此並未掌握實權，主導政局的是花山的舅舅權中納言藤原義懷（伊尹的五男）。

然而，虎視眈眈覬覦關白地位的兼家用計，使得花山僅僅兩年即退位。取而代之的是七歲的一條天皇，而外祖父兼家終於如願成為攝政。外祖父擔任攝政，是自九世紀藤原良房之後睽違一百三十年的情況。一條的母親詮子成為皇太后，建立起與攝政兼家一同輔佐幼帝的政治體制。

只不過，兼家擔任攝政有個問題，那就是他受任命為攝政時，還只是右大臣，地位在他之上的還有左大臣源雅信（宇多上皇之孫）與太政大臣賴忠。攝關向來以大臣作為正式官職的職務，多半由太政大臣兼任。換句話說，一直以來攝政基本上都由最高階的公卿來擔任，但身為右大臣的兼家成為攝政，就出現了顛倒的狀況。因此，兼家辭去右大臣成為無官職的攝政，此外，還獲得了「在朝廷席次中，攝政在太政大臣之上」的

「一座宣旨」[14]。自此之後，攝關一職自大臣職務切割，並定位為超越律令官制的最高地位。

道長就任內覽

九九〇年（永祚二年），一條天皇在十一歲元服，兼家安排嫡子道隆之女定子入宮，之後將關白一職交給道隆後就過世了。

隔年，在政壇上具有影響力的圓融法皇死後，皇太后詮子出家。詮子被授與東三條院的女院號，可享受相當於上皇的待遇。詮子接收圓融的權限，成為天皇家的家長，並藉此正當化為公開的政治權力，據說是為了輔佐年幼的一條天皇。這是史上首次誕生的女院制度，此後女性主導政治的機會也逐漸增加。

道隆一門的中關白家享盡榮華，嫡子伊周以罕見的年少，僅僅二十一歲就成為內大臣，其弟隆家也在十七歲就成了權中納言。當時光鮮亮麗的宮廷生活，在服侍定子的女房清少納言作品《枕草子》中有生動的描寫。然而，道隆就任攝關五年後，在四十三歲時就猝死。死前道隆向一條天皇提出由伊周接任關白，卻未獲同意，之後由道隆之弟道兼出任關白。但當時京都遭受疫病肆虐，道兼在就任後僅僅十天就身亡，後世稱他為「七日關白」。

在兄長意外相繼過世之際，身為兼家五子且以內覽一職掌握實權的就是三十歲的道長。內覽這個職務，主要的工作內容是事先檢查要上呈給天皇或是下達給臣子的文書，被視為攝關重要的權限。藉由獨占內覽的權限，攝政除了不向天皇上奏就可裁決，關白也能發動上奏、下達詔敕的否決權。因為接受內覽的宣旨，道長獲得可與攝關匹敵的權力。

起初，一條天皇也猶豫著道長與伊周該以誰為首，就官位而言，內大臣的伊周在權大納言的道長之上；另一方面，相對於一條天皇和伊周為表兄弟關係，道長則是一條天皇的舅舅，道長的立場強勢一些。至於最後選定道長，是因為道長之姊東三條院詮子對於其才能給予高度評價，助了一臂之力。

成了內覽的道長，立刻晉升為右大臣，官位也超越伊周一躍而成為最高的「筆頭大臣」。伊周對道長感到憤憤不平，呈現激烈對立，卻因為對花山法皇不敬而失勢。其弟

14 編注：在宮中被認可坐上第一上座的正式詔令。攝政與關白無論其位階順序，都能得到這項殊榮。

隆家也遭到貶職，但在日後自願成為大宰權帥而到了九州，一〇一九年（寬仁三年）擊退進攻北九州的女真族（刀伊入寇）。

名臣、才女輩出的一條天皇時代

為道長帶來榮華與地位的最大功臣就是他的女兒彰子。她成為一條天皇的中宮，生下後一條、後朱雀兩位天皇後，道長作為天皇的外祖父，得掌實權，三個女兒成為太皇太后、皇太后、中宮，出現前所未有的一門三后，建立起藤原氏的全盛時期。

中宮彰子的身邊有紫式部、赤染衛門、和泉式部等著名才女為女房，隨侍在側，組成文藝沙龍，不斷產出堪稱平安文學精粹的作品。此外，一條天皇的治世，在這個時代也出現多位得以傳至後世的名臣。其中編纂禮儀指南《北山抄》、《和漢朗詠集》的藤原公任，與小野道風、藤原佐理並列為三蹟的書法家藤原行成，精通和歌、漢詩、吟詠的當代首席文化人藤原齊信，還有醍醐源氏的源俊賢都是代表一條天皇時代的名臣，後世盛讚為「寬弘四納言」（三人都擔任大納言、權大納言）。

道長在成為一條天皇內覽的二十二年之內，以內覽、左大臣的立場掌握了實權。他對攝關一職並不執著，在後一條天皇即位後，道長僅擔任攝政一年，很快就交棒給嫡子賴通。至於關白，則完全未曾擔任。有人認為，這是因為身為內覽有著與攝關相同的權限，同時道長身為太政官之首已直接掌握政務。

此外，他在辭去太政大臣身無官職之後，仍舊以大殿的身分持續掌握實權，這樣的作風也被視為院政先驅。道長作為實質上天皇家的家長，不僅超越了律令官制體系，地位更超越了攝政、關白。

繼道長之後接手的賴通，歷經後一條、後朱雀、後冷泉天皇三代，擔任攝關長達五十年。然而，進宮的女兒並未生下皇子，始終未曾獲得外戚的地位。其弟教通的女兒也沒有產下皇子，直到由上皇主導的院政開始，攝關家的勢力才逐漸衰退。

另一方面，由於賴通建立了長期政權，不論官位或外戚關係，道長、賴通子孫的御堂流成為北家嫡系藤氏長者的習慣成形，也確立了攝關家的家格。在失去政治實權的同時，御堂流卻穩固了攝關的地位，或許可說是很諷刺的結果。

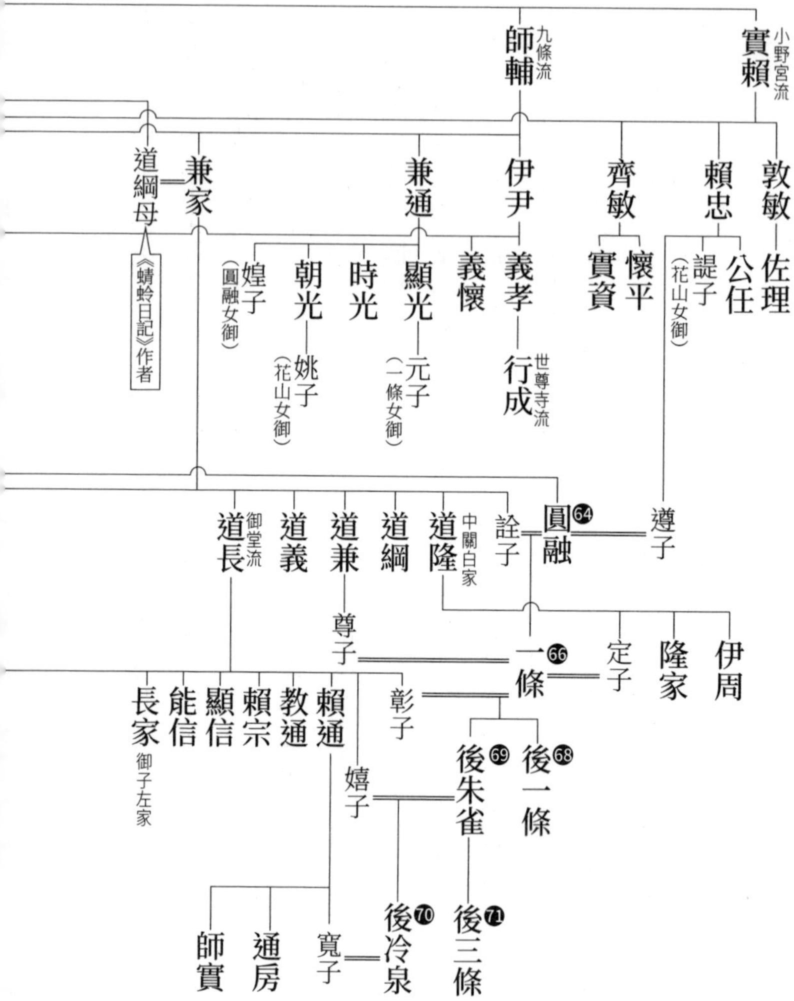

師輔 九條流
實賴 小野宮流
道綱母
《蜻蛉日記》作者
兼家
兼通
伊尹
齊敏
賴忠
敦敏
義懷
義孝
懷平
實資
諟子（花山女御）
公任
佐理
媓子（圓融女御）
朝光
時光
顯光
姚子（花山女御）
元子（一條女御）
行成 世尊寺流
道長 御堂流
道義
道兼
道綱
道隆 中關白家
詮子
64 圓融
遵子
尊子
66 一條
定子
隆家
伊周
長家 御子左家
能信
顯信
賴宗
教通
賴通
彰子
69 後朱雀
68 後一條
嬉子
師實
通房
寬子
70 後冷泉
71 後三條

藤原氏譜系略圖③

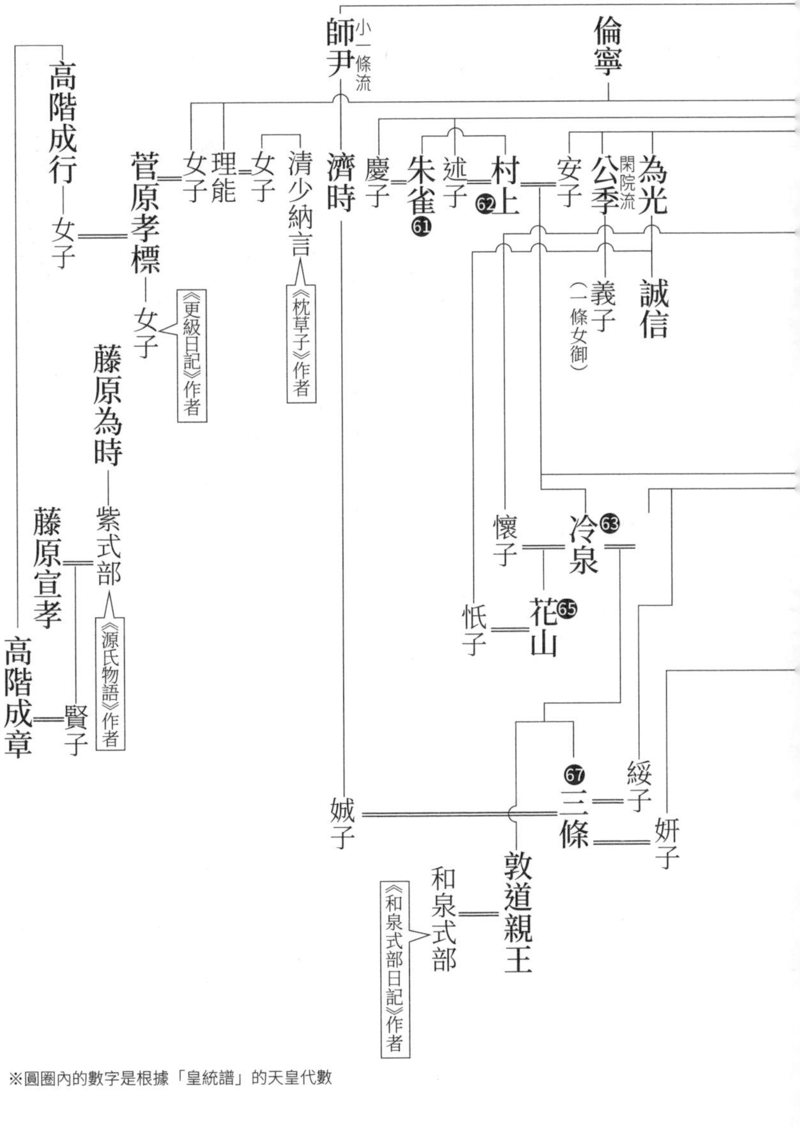

※圓圈內的數字是根據「皇統譜」的天皇代數

為了攝關大位與弟弟上演骨肉相爭

藤原兼通

生卒年 九二五～九七七年
父 藤原師輔
母 藤原盛子
家系 北家九條流

九六九年（安和二年），橘繁延與源連因欲廢除東宮守平親王（圓融天皇）策劃謀反而遭到逮捕。罪行波及守平之兄為平親王的岳父，也就是左大臣源高明（醍醐天皇之子），高明被貶為大宰權帥，師輔之弟師尹成為左大臣。這場安和之變，也有人認為是守平的外戚伊尹、兼家等人，為了阻止高明擁立為平進而成為外戚而策劃的陰謀。但此時守平已成為東宮，其實沒有必要刻意陷害高明，因此真相不明。

五個月後，冷泉天皇讓位給弟弟圓融，實賴成為攝政，但隔年他就死去。繼任的伊尹也在接手兩年後驟逝。此後，弟弟兼通與兼家就針對攝關大位展開激烈鬥爭。

兼通與兼家是年紀相差四歲的同母兄弟。兼通在仕途上的發展比較慢，兼家則沒有經歷過參議，直接晉升到中納言，接著又成為大納言時，兼通還只是權中納言。

然而，接下來兼通沒有經歷大納言，直接晉升為內大臣，一舉超越了兼家，還獲任關白。根據《大鏡》的描述，這般大逆轉是因為出現下列的狀況：圓融的母后，也就是兼通的妹妹安子，在生前寫下「關白一職請兄弟依序擔任」的內容，而兼通將這道手諭當作護身符一樣掛在脖子上。伊尹死後，兼通進宮將安子的手諭交給圓融，孝順的天皇大受感動並遵照母親的遺願。

如果這是事實，那麼，不得不說兼通已預料到遲早會被弟弟超越，而使出這招手段。此外，有人質疑，安子在冷泉即位前已死亡，在遺言中交代攝關就任事宜有些突兀。由於當時公家的日記中有著「前官遺命」的內容，也有一說表示這應該是前攝政伊尹的遺命。

兄弟對立一直持續到兼通死前。兼通在成為關白五年後，罹患重病，在自家準備面臨人生的最後一段路。據說這時，兼家的隊伍接近，兼通還以為弟弟要來探望自己，非常高興，準備迎接他。豈料兼家的隊伍只是路過宅邸，接著逕自往皇宮而去。兼通大怒之下，不顧病痛纏身依舊到了宮內進行最後一次任命，將關白一職交棒給堂兄弟賴忠。不僅如此，他還將兼家的官職從右近衛大將降為治部卿，然後自己在一個月後死亡。這份執著真是強烈，但或許是對於有能力的弟弟感到自卑，才會促使他做出這般有違倫常的行為。

因為「一座宣旨」而提高攝關的品牌力

藤原兼家

生卒年 九二九～九九〇年
父 藤原師輔
母 藤原盛子
家系 北家九條流

根據慈圓的歷史書籍《愚管抄》描述，兼家對於任何事情都是「態度相當強硬、很強勢的人」。在兄長兼通病危之際，他經過宅邸直接進入皇宮，也是因為認為兄長已死，打算去向圓融天皇要求由自己來接任關白。沒想到兼通竟忍著病痛進宮，讓兼家倉皇退出。

在兼通最後一次任命後，兼家遭到貶職，但由於個性敦厚的關白賴忠，使得兼家立刻恢復右大將的地位，並在五十歲晉升為右大臣，成為攝關的野心一步步實現。九八四年（永觀二年），圓融讓位給姪子花山天皇（冷泉天皇之子），由太政大臣賴忠繼任關白。東宮則是兼家的外孫懷仁親王（一條天皇）。如果懷仁登基，兼家就能以外祖父之姿掌握實權。

期待花山退位的兼家，在隔年遇到了千載難逢的機會。花山十分寵愛弘徽殿女御藤原忯子（兼家之弟為光的女兒），但忯子為了生產而出宮，之後竟然死亡。看到花山傷心喪志的模樣，兼家便心生一計。他要隨侍在天皇身邊的藏人三男道兼提議，讓花山出家為忯子祈福。道兼表示他也會一起出家，便將花山帶離清涼殿，前往山科的元慶寺。一路上為了不讓計畫受阻，抵達鴨川的時候，還暗中安排了源氏的武士在前後固守，可說相當周密。

在這期間，宮裡同時有兼家的嫡子道隆與次子道綱，拿著三件神器交給懷仁，並將各處宮門關閉。另一方面，帶著花山出走的道兼，在落髮前一刻說要讓父親再見自己一面，於是將花山留在寺中自己回到宮裡。等到花山發現被騙，為時已晚。他在位不過兩年，年紀輕輕十九歲就成了法皇。

於是，七歲的一條天皇登基，兼家終於成為嚮往已久的攝政。兼家辭去右大臣成了無官之身，然後獲得了將攝政提升到三公（太政大臣，左、右大臣）之上的「一座宣旨」，讓攝關的地位跳脫律令官制的框架，成為最高的地位。四年後，他安排十一歲的一條元服，並讓道隆之女定子進宮。以往天皇元服都在十五歲左右，一條的狀況算是異常年幼，有人認為這是兼家預料到自己在世不久，為了安排孫女進宮而提早元服。這也充分證明兼家想在生前鞏固權力基礎的執著。

藤原道隆

兼家嫡男，享盡榮華的中關白

生卒年 九五三～九九五年
父 藤原兼家
母 藤原時姬
家系 北家九條流

嗜酒的貴公子

說到攝關家的達官子弟，很容易讓人聯想到像光源氏那般優雅的貴公子，但其實師輔的子孫有不少都是豪邁奔放之人，兼家嫡子中關白道隆就是其中之一。中關白這個稱呼由來不可考，有一說是因為剛好介於打造攝關政治全盛時期的兼家與道長中間，因而得名。

據說，道隆非常好酒。在《大鏡》之中也收錄了很多與飲酒相關的小故事。與道隆相熟的酒伴有兩人，一個是父親兼家的堂弟濟時（師尹之子），另一個是道隆堂哥朝光（兼通之子）。在欣賞賀茂祭還立（進行祭祀後齋王返回御所的儀式）時，道隆與濟時、朝光同車前往紫野，結果喝得爛醉，把車上前後的簾子都敞開，還摘下頭冠露出整個髮髻。當時成年男性必須束髮梳成髮髻，而在人前露出髮髻則是很丟臉的行為。道隆自己做出這種事，也難怪《大鏡》中強調他的行為不檢，說他「丟人現眼」。

此外，當兩位酒友造訪道隆家時，他覺得讓兩人沒喝酒、保持清醒離開很無趣，一定要看到兩人喝得爛醉，直到需要有人攙扶上車的模樣，才感到心滿意足。話說回來，據說他自己無論喝得多醉，只要一醒來就會立刻拿梳子把亂髮梳整齊，神清氣爽讓人看不出喝醉後睡著。

前所未見的雙后並立

道隆不受過去規則束縛的強硬個性，也是遺傳自父親。兼家死後，道隆成為關白，同年他將女兒定子的地位從一條天皇的女御提升到中宮。原本三后（皇后、皇太后、太皇太后）的機構稱為中宮職，後來衍伸為將皇后也稱為中宮。換句話說，中宮只是皇后的別稱，並不會同時存在。在這個時期也還有圓融上皇之后遵子（賴忠之女）為皇后，照理說原本是沒辦法讓定子成為皇后。但道隆無視慣例，硬是將定子安排為中宮，讓原本相同地位的中宮與皇后變成並立。這是為了在不久後的將來，要讓定子生下的皇子順利繼位，那就必須先確保定子為后的地位。

道隆的幾個兒子也順利迅速升遷，嫡子伊周在二十一歲成為內大臣，超越了權大納言的舅舅道長。次子隆家也在十七歲成為權中納言，次女原子成為東宮居貞親王（三條天皇）之妃，中關白之家享盡榮華。服侍定子的清少納言在《枕草子》中描述了像是在積善寺中《一切經》供養的法會、東宮妃原子拜訪姊姊中宮定子的情景等，各種中關白家光鮮亮麗的生活情境，以及生動描寫道隆講笑話逗眾女房發笑的颯爽模樣。

然而，中關白家的榮景卻沒有維持下去，因為當家的道隆很快就過世了。九九五年（長德元年）全國遭受疫病嚴重肆虐，包括道隆的酒友朝光、濟時，以及左大臣源重信、道隆的弟弟道兼等多位公卿都相繼喪命。

道隆的身體狀況也從同年春天開始走下坡，但就像《大鏡》裡提到的「因為飲酒弄壞身體而痲痺」，他的狀況並不是染上疫病，而似乎是飲酒過度。從他自前一年大量飲水來判斷，很可能是因為酒精中毒而引發糖尿病。

知道自己來日無多的道隆，向一條天皇提出由伊周來代理關白一職。但英明的一條認為年紀尚輕、無法服眾的伊周無法任職關白，只下達讓他就任內覽的宣旨，但這也僅為道隆罹病期間一時的安排。

後來，道隆在沒能順利移交權力給伊周之下，四十三歲離世。根據《大鏡》的記述，道隆臨終之前，其他人建議他念佛，他說「濟時、朝光那幾個傢伙會在極樂世界嗎？」或許對道隆而言，與其念佛以求安詳死去，更珍貴的是想像在另一個世界和酒友們暢飲的模樣。

迫使花山天皇退位的「七日關白」

藤原道兼

生卒年 九六一～九九五年
父 藤原兼家
母 藤原時姬
家系 北家九條流

道兼是兼家的三男，因為在粟田（京都市東山區）擁有一座別墅，被稱為粟田殿（粟田關白）。在花山天皇出家事件中，道兼隨侍在天皇身邊，花山對寵姬之死感到哀傷時，道兼不但獻策還將花山拐出皇宮帶著他出家。根據《愚管抄》所載，花山感到「被騙了」同時，道兼不但表示「沒這回事」更催馬回到皇宮。

從這段小插曲也不難看出，道兼似乎是個個性冷漠的人。據《大鏡》的內容，父親兼家過世時，道兼不但沒有服喪，還邀了一群人攤開歌集，說笑談樂，一點也沒有哀傷的模樣。這是因為他有功於逼退花山院，父親卻不肯讓出關白一職，使他心生怨恨。《古事談》中記載，侍奉道兼的源賴信（河內源氏之祖）曾企圖暗殺道隆，後來遭到兄長賴光制止。

兄長道隆死後，道兼終於獲任嚮往已久的關白，然而沒多久他就染上流行的疫病身亡，世人稱他「七日關白」。他就任關白為了慶賀入宮，之後過了一週就死去。

襯托道長的史上首位女院

東三條院詮子

生卒年　九六二～一〇〇一年
父　藤原兼家
母　藤原時姬
家系　北家九條流

詮子是兼家的次女，是大道長四歲的姊姊。根據《榮花物語》的敘述，她是個很討人喜歡、個性和善又美麗的女子。十七歲時進入圓融天皇後宮成為女御，生下唯一的皇子懷仁親王（一條天皇）。然而，對兼家抱持反感的圓融，為了立關白賴忠之女遵子為皇后，也曾發生詮子帶著懷仁出宮的一段插曲。

後來，花山天皇出家，一條天皇即位，詮子就成為皇太后。由於協助花山出家的僧人嚴久曾受到詮子的關照，很可能詮子也參與了父親兼家的計謀。圓融死後，詮子獲得東三條院的院號，成為史上第一位女院，輔佐年幼的一條天皇，卻掌握了絕大權勢，甚至留下「母后壟斷朝政」的評價。

詮子很欣賞道長的才能。道兼死後，攝關的繼任者有伊周與道長兩名人選時，據說詮子親自到一條天皇的夜御殿（寢宮），徹夜聲淚俱下推薦道長就任內覽。可說是將道長一系（御堂流）推上攝關家嫡系的幕後大功臣。

與道長爭權奪勢的中關白家嫡男

藤原伊周

生卒年 九七四～一〇一〇年
父 藤原道隆
母 高階貴子
家系 北家中關白家

道隆有多名妻子，正室是高階貴子。她曾是女房三十六歌仙的其中一名歌人，因為女兒定子成為中宮獲敘正三位，父親成忠也是高階氏的首位公卿，一族都受到優渥的待遇。貴子生下的第一個男兒就是伊周。

伊周有個大他三歲的異母兄長道賴，但身為正室之子的伊周是嫡子，在二十一歲就罕見地成為內大臣。然而，或許是因為年紀輕輕就登上高位，伊周似乎有股攝關家嫡系的驕奢。他當權大納言時，曾在宮裡的內宴席上想坐在大臣的旁邊，就被父親道隆糾正，之後才退到下座。此外，在道隆重病時，伊周獲准得在「父親生病期間」擔任內覽，他卻說動事務人員，企圖竄改為「代替生病的父親」成為內覽。這是企圖將自己內覽地位從臨時改為正式，但一條天皇並不同意。

不久之後，因為疫病肆虐，包括關白道兼在內許多公卿相繼死亡，內大臣伊周就順勢成為公卿之首。豈料，結果卻不如伊周的預期，最後任命為內覽的是獲得東三條院詮子推薦的舅舅道長。接下來，伊周與道長的關係愈來愈糟糕。兩週之後，道長與伊周在陣座（公卿的會議室）中展開激烈爭論，嚇壞了眾人。三天之後，道長與隆家的隨從在街上鬥毆，甚至還出現死傷者。

然而，這場爭鬥不久後便劃上休止符。隔年，也就是九九六年（長德二年）一月，伊周做出對花山法皇放箭這等無禮的行為。根據《榮花物語》的描述，當時伊周與藤原為光的三女交往，法皇則心儀四女，但伊周誤以為法皇交往的是自己喜歡的人，於是和弟弟隆家埋伏想放箭嚇唬法皇，卻不小心射穿了法皇的衣袖。之後事態甚至演變為謠傳伊周詛咒東三條院，導致伊周遭貶為大宰權帥（長德之變）。

隔年，伊周獲赦免得出仕朝廷，但一〇〇九年（寬弘六年），又因牽涉道長及其女兒彰子的詛咒事件，再次斷送仕途。雖然不久獲得赦免，但他在隔年就過世了。有一說是他在臨終時對嫡子道雅說，「如果要成為他人的隨從倒不如歸隱出家」。這個導致中關白家沒落的當事人，卻僅靠著攝關家嫡系的自尊度過一生。

打造攝關政治全盛期的強運政治家

藤原道長

生卒年 九六六～一〇二七年
父 藤原兼家
母 藤原時姬
家系 北家九條流

比想像中更豪邁的道長

藤原道長也是眾所認知的光源氏人物藍本的其中一人，常給人瀟灑貴公子的印象，實際上卻是豪邁磊落的個性。花山天皇在位期間，某個氣氛詭譎的雨夜，天皇提議來個試膽大會，藤原道隆、道兼、道長三兄弟各自前往指定的殿舍。兩位兄長因為害怕，半途就折返了，唯有道長一人到了終點大極殿，還切下柱子一小塊當作證據帶回去。

此外，有一回父親兼家對於精通各種才藝的藤原公任（賴忠之子、四納言之一）讚譽有加，甚至說出「可惜我的幾個兒子連他的影子都踩不到」，道長聽了之後卻說「別踩影子，不如直接踩上他的臉」。記述這段小插曲的《大鏡》，對此評論，「將來飛黃騰達之人，心智（精神力量）強大，神佛的護持也很強。」

藤原道長的一家三后

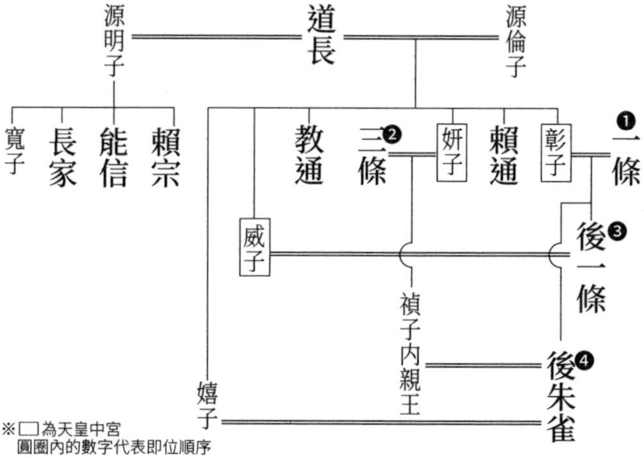

道長的日記《御堂關白記》，以現存世界最古早的親筆日記入選聯合國教科文組織世界記憶名錄，但內容有很多錯字、誤用，由此可清楚看出道長不拘小節、大而化之的性格。

身為兼家五男的道長，原本是沒有繼承攝關家嫡系的資格。然而，九九五年（長德元年），兄長道隆、道兼相繼身亡，有大約三分之一的公卿都死於疫病，道長突然成了有力的接班候選人。

一條天皇猶豫要選擇內大臣伊周或是權大納言道長為政權首席時，接受了母親東三條院的意見，下達道長為內覽的宣旨。過去攝關都是由大臣出任，但由於道長只是權大納言，因此僅任命其為擁有同等職權的內覽。據說，其實一條本來就對於道隆硬要推薦伊周就任關白感到不愉快，加上伊周本身還年輕，政務經驗不足，且為人自大不得人心，這些都對道長的出線比較有利。

成為內覽的道長，不久之後就任右大臣，成為名符其實的政權首席，獲得了藤氏長者、攝關家嫡系的地位。不僅如此，在伊周因為長德之變遭貶後，道長更成為左大臣，同時以內覽、左大臣之姿打造長期政權。

與三條天皇對立，以及實現一家三后

道長最大的幸運就是擁有很多子女。他還有兩名地位很高的妻子，正室為左大臣源雅信之女倫子，次妻則是在安和之變中失勢的源高明之女明子。兩位妻子都生下多名兒女，但幾個孩子的社會地位卻有極大落差。正室倫子生下的賴通、教通，都當上了攝關，四個女兒則成為天皇、東宮的皇后、妃子。另一方面，明子的孩子中只有賴宗成為右大臣，能信、長家僅止於大納言，至於女兒則無人入宮。由此可知，母親是否為正宮也會大大影響仕途。

道長也仿效父親、兄長，強力推動與天皇家的聯姻政策。九九九年（長保元年），他安排十二歲的長女彰子進入一條的後宮，隔年，他讓定子從中宮升為皇后，並立彰子為中宮。兩后並立過去是由道隆開啟前例，但一名天皇同時並立兩后則是前所未有的狀況。彰子在一〇〇八年（寬弘五年）生下敦成親王（後一條天皇），隔年再生下敦良親王（後朱雀天皇），道長就此開啟成為外戚的未來。

不過，這還需要一點時間。一〇一一年（寬弘八年），一條在三十二歲時身亡，由相當於道長外甥的三條天皇（母親為道長之姊超子）在三十六歲即位。中宮為道長的次女妍子，東宮為彰子之子敦成。然而，道長希望由敦成即位，因此三條與道長的關係並不融洽。隔年，三條為了立藤原濟時之女娍子為皇后，使得對立變得無可避免。三條的行徑正代表了反對道長主導一帝二后體制的態度。對此，道長刻意在娍子立后的同一天安排女兒妍子入宮的儀式，作為報復。許多公卿都懼於道長的權勢，聚集參與妍子的入宮，反倒立后儀式成了沒有大臣在場的尷尬景象。

後來道長以三條眼疾為理由逼他退位。一〇一六年（長和五年），三條以立娍子之子敦明親王為太子作條件，讓位給後一條天皇。直到外孫即位，道長才首次就任攝政。隔年，三條死後，敦明因懾於道長的權勢而辭退東宮之位，獲得小一條院稱號後退出政界。

取而代之成為東宮的是後一條同母弟弟敦良，道長作為天皇與東宮的外祖父，權力愈來愈穩固。一〇一八年（寬仁二年），三女威子進宮成為中宮，原先為三條中宮的妍子則晉升為皇太后，加上太皇太后彰子，實現了前所未見的一家三后。在這場宴席上吟詠的〈望月之歌〉，讚嘆了吾世之春。

成為院政先驅的大殿道長政治

後一條即位一年後，道長將攝政讓位給嫡子賴通。據說他的目的是希望趁著自己在世時，將攝關一職傳承給兒子，藉此完成穩定的權力轉移。

道長雖然打造了攝關政治的全盛時期，但實際上他自己的攝政經驗只有這一年，關白的經驗則完全空白。在一條、三條天皇時代將近二十年的時間，他都是以內覽、左大臣的身分來掌管政務。推測這是因為道長對一上的地位有特別的堅持。一上，是總掌太政官公事的職務，一般慣例是由左大臣之下的首席公卿來擔任。然而，在建立攝關制度的過程中，就任攝關後必須專心輔佐天皇，漸漸地出現將一上的地位讓給次位公卿的習慣，關白在慣例上並不參與陣定等公卿會議以及受領任命的審議等場合。換句話說，只要擔任攝關，就無法出席會議直接操縱討論。因此，熱愛工作的道長仍以內覽身分，掌握實質上與攝關同樣的權限，以首席公卿一上的地位親自主持會議，直接統率眾公卿。

道長將攝政之位交給賴通之後，依舊以大殿的身分緊握政治實權，對攝政賴通下達指示，掌管朝廷人事。藤原實資曾語帶嘲諷評論道長「宛若帝王」也就是這個時期。道長掌握權力的方式，亦有人認為是院政的先驅，也就是上皇以天皇之父、祖父的立場來主導政局。換句話說，接下來中世紀的體制早在道長時代就已做好準備。

站在榮華巔峰的道長，其實從這個時期開始已飽受眼疾與胸部的病痛，許多人甚至謠傳這是三條天皇的詛咒。一〇一九年（寬仁三年），道長在五十四歲出家並著手建造法成寺，為踏上來世旅程做準備。

晚年的道長陸續送走比自己先逝的孩子，終日以淚洗面。一〇二五年（萬壽二年），成為小一條院女卿的三女寬子過世，而生下東宮敦良親王之子親仁（後冷泉天皇）的六女嬉子也在產後不久身亡。兩年後，皇太后妍子過世，道長自己也在背部腫瘤的折磨下，於法成寺阿彌陀堂為六十二年的人生劃下句點。

上東門院彰子

以二帝母后為道長帶來榮華

生卒年	九八八～一〇七四年
父	藤原道長
母	源倫子
家系	北家御堂流

道長並非倚靠攝關的地位，而是建立與天皇之間的外戚關係來掌握權力。成為一條天皇的中宮並產下兩位皇子的彰子，可說是為道長帶來榮華的最大功臣。

彰子是道長的長女，母親是正室源倫子。九九九年（長保元年），在她十二歲時進入一條天皇的後宮，隔年成為中宮。一開始沒有生下子嗣，於是將定子生下的敦康親王接到自宅中養育，但入宮九年後，終於在土御門第[15]生下敦成親王（後一條天皇）。在侍奉彰子的紫式部日記裡頭，詳細記載了當天的種種情景，包括賴通、教通幾個兄弟的造訪、祈求順產的誦經聲、幾名女房流著淚面面相覷的模樣等等。

攝關時期的貴族女性很容易被當作只以產下皇子為使命，但其實以天皇之母達成的政治效果也不小。尤其在天皇年幼的時期，登基大典上母后會與天皇一起坐在高台上，遊行時乘坐同一座轎子，展現出兩人一心同體的感覺。

彰子作為兩位天皇的母親，具有極大影響力，眾所周知，她一直協助父親道長、弟弟賴通的政治活動。後一條天皇在八歲即位後，彰子成為皇太后住進皇宮，輔佐年幼的天皇。道長也會不時入內晉見，把本來要呈給天皇的文件讓彰子看，或是在彰子面前進行天皇御前會議。

在弟弟賴通成為攝政之後，彰子的地位更顯重要，三條天皇之子敦明親王（小一條院）辭退太子後，繼任東宮的選定也是由道長、彰子以及賴通三人協議下決定。當時彰子有意立自己帶大的一條第一皇子敦康親王為東宮，但道長最後立了彰子之子敦良親王（後朱雀天皇），據說她因此對父親懷恨在心。

其他包括道長的太政大臣就任、妹妹威子立后等政治上的重要事件，也都是以彰子下達的「母后令旨」來決定，可看出她的權威有多大。彰子代替執行天皇大權，並與身為攝關家大家長的道長一同支持攝政賴通，三人主導國政。一〇二六年（萬壽三年），彰子出家成為東門院，繼姑姑詮子之後成為第二位女院。

彰子活到八十七歲，以那個年代來說是罕見的長壽。也因為這樣，在道長死後她成為天皇家、攝關家實質上的大家長，受到眾人倚重，甚至仲裁弟弟賴通與教通之間的對

15　譯注：藤原道長的宅邸。

立，協助主政超過四十年。另一方面，她的弟妹多半比她早逝，到了晚年，連孩子後一條、後朱雀天皇、孫兒冷泉天皇都比她先離世，據說她也曾感嘆自己的長命。

擊退刀伊的中關白家「壞胚子」

藤原隆家

生卒年　九七九～一〇四四年
父　藤原道隆
母　高階貴子
家系　北家中關白家

隆家是中關白道隆的四男，是內大臣伊周的同母弟弟。人稱「壞胚子（不良少年）」，伊周在襲擊花山法皇（長德之變）時，他也跟著行動，因此從權中納言遭貶為出雲權守。不過，隆家是個直性子的人，在他的罪行獲赦回京之後，仍然在走下坡的中關白家貫徹了他的失敗者美學。例如，出席道長主辦的宴會時，對於忽視自己並表現無禮的殿上人怒吼，或是三條天皇女御娍子立后時，道長之女妍子也挑在同一天入宮，隆家卻肆無忌憚出席娍子的立后儀式。一〇一四年（長和三年），他自願成為大宰權帥，妥善治理當地，獲得九州民眾的愛戴。在他任期的最後一年，發生了撼動北九州的大事件，也就是平安朝最嚴重的對外危機，「刀伊入寇」。

一〇一九年（寬仁三年）三月，五十多艘軍艦攻擊對馬、壹岐，並且殺害、綁架包括壹岐守藤原理忠在內的眾多島民。盜賊陸續攻擊北九州各地，殺死牛馬食用、虐殺老人兒童，擄走數百名男女民眾。攻擊者是中國東北的通古斯民族的女真族，在朝鮮則以帶有「蠻夷」意味的名字刀伊稱呼。據說十世紀時，由於中國西北部蒙古族的遼（契丹）興起，與北宋進行貿易而被趕出去的女真族則肆虐朝鮮半島，後來還進入日本。

這時候，身為大宰府負責人全力防衛的就是隆家。根據《大鏡》的記述，隆家其實沒有太多作戰經驗，但因為他是「具備大和氣概之人」，他動員所有大宰府的官員來因應。四月，刀伊軍攻擊博多的警固所，隆家指揮大藏種材等府官與地方望族前往防堵。刀伊軍採取前鋒用矛、主陣為大刀、弓箭壓陣這種有組織的攻擊，但日本軍以擅長的騎馬戰讓敵軍措手不及。後來，就在刀伊軍因為強風受困海上無法登陸時，日本軍準備了三十八艘軍艦展開追擊。在各地激戰下，大約一週的時間便擊退刀伊軍。這時，隆家下令，「僅在日本境內攻擊，切勿進入高麗土地」。他強調這是一場國土防衛戰，防止軍隊暴衝。

隆家返京之後，由於並無入宮任職也沒有晉升，卻如實上奏了在當地作戰有功的武士賞賜。此後，中關白家嫡系由隆家次子經輔繼承，至於他的子孫，有掀起平治之亂的信賴、後鳥羽天皇之母殖子，以及源實朝正室坊門信子等人。

藤原定子

遭到道長擺布，命運悲慘的皇后

生卒年　九七六～一〇〇〇年
父　藤原道隆
母　高階貴子
家系　北家中關白家

根據《枕草子》的描寫，藤原定子似乎是個心思細膩、外貌出眾的女子。在中關白榮華達到巔峰之際的九九三年（正曆四年），清少納言首次出仕感到緊張，躲在屏風之後。據說定子為了讓新進女房的心情輕鬆一些，拿出了好幾幅畫，為她一一說明，「這幅畫啊……這個人呢……」。這副模樣讓清少納言大為震驚，沒想到世上竟有如此美麗之人。

定子是道隆的長女，是小伊周兩歲的同母妹妹。九九〇年（正曆元年），在道隆就任關白後，定子立即在十五歲時進宮，成為一條天皇的中宮。當時還有圓融上皇的皇后遵子，並無定子立后的空間，但道隆以遵子為皇后，立定子為中宮，而中宮只是皇后別稱，藉此實現了前所未見的二后並立。

接下來五年之中，中關白家享盡榮華，但九九五年（長德元年）道隆過世之後，定子的命運也一轉變得黯淡。隔年，因為長德之變，伊周、隆家遭到下旨流放。這時，伊周為了躲過流放而藏身在定子住處，但中宮御所仍遭到強制搜索。懷孕中的定子因為受到這番打擊而出家。不幸並未就此中止，一個半月後，定子的御所在大火中付之一炬，所幸在同年年底平安產下脩子內親王。

對定子而言，唯一的安慰就是得到一條全心全意的愛。定子在一條的召喚下再次進入後宮。當時出家人不得有性生活，但一條的愛情堅定到無視於這條禁忌。只是在藤原實資的日記中寫道，定子的入宮是「天下皆不甘心」，透露出貴族社會對此都無法接受。

但兩人之間的愛情開花結果，九九九年（長保元年）定子生下敦康親王，這位一條長男的皇子誕生後，讓期待復權的伊周等人歡欣鼓舞。然而，已經家道中落的中關白家皇子卻沒能順利即位，不僅如此，幾乎在定子生產的同時，道長長女彰子入宮成為中宮，定子則成了皇后。過去道隆推動的二后並立，是上皇皇后與天皇中宮並立，但這次是同一位天皇有二后並立。道隆當初為了定子擬定的策略反被道長利用，成了逼退定子的工具。

話雖如此，一條對她的愛始終不減，定子在隔年（長保二年）生下媄子內親王，但在隔天就以二十五歲的年紀過世。定子的一生，同時展現了中關白家的榮光與沒落。

將攝關政治內幕流傳到後世的「賢人右府」

藤原實資

生卒年 九五七～一〇四六年
父 藤原齊敏
母 藤原尹文之女
家系 北家小野宮流

以藤原忠平嫡子實賴為祖的小野宮流，過去作為北家嫡系，是由實賴、賴忠父子擔任攝關的名門。然而，因為沒有和天皇建立起外戚關係而未能成為主流，最後被以師輔為祖的九條流取而代之。另一方面，自實賴建立起小野宮流的宮廷禮儀之後，一門出了多位勤勉且重視知識的文化人才，被視為通曉有職故實的家族，備受崇敬。世人讚為「賢人右府」的實資也是其中一人。

十七歲時，因為父親齊敏身亡，實資成了祖父實賴的養子。他擔任過圓融、花山、一條等三位天皇的藏人頭，在三十三歲時晉升到參議成為公卿。到了後一條天皇時期，一〇二一年（治安元年），以六十五歲高齡坐上右大臣高位，一生活到九十歲的高壽。在這期間，他擔任公卿嚮往的右近衛大將長達四十二年，特別值得介紹一番。

實資並不是單靠家世晉升的花瓶公卿。他曾在後一條天皇於賀茂社出遊這類大規模國家級活動中擔任上卿（儀式與政務的負責人），也曾一口氣解決了長達兩年懸而未決的地方行政案。他的高遠見識與實務能力，連道長都對其另眼相看。

實資將小野宮流的儀式禮儀集結起來，編纂了《小野宮年中行事》的儀式指南，但他留給現代最大的功績應該是長達五十年的日記《小右記》（意指小野宮右大臣日記）吧。當時貴族的日記並非單純記述個人的體驗與感想，包括朝廷的儀式、禮儀以及活動等都翔實記錄，目的就是要流傳到後代。

不負小野宮流被稱為「日記家族」的美譽，《小右記》的紀錄也相當詳盡，不僅有攝關時期的政治、儀式內容，其他例如道長「望月之歌」的小插曲等政治舞台幕後故事也沒有遺漏，是相當珍貴的一級史料。從內容中可看出實資不只指責追隨道長的人，就連藐視三條天皇的道長，他也嚴厲批判其為「大不忠之人」，由此窺見實資耿直的個性。

以知識分子受到眾人尊敬的實資，其實也有充滿人性的一面。根據鎌倉初期完成的《古事談》所述，實資性好女色，會從在寢殿水井取水的下女之中，挑選樣貌姣好者。此外，實資發現喜歡的遊女與教通（賴通之弟）也發生關係時，曾追問對方，「你是愛我還是教通？」似乎即使是聰明人也難抵擋美女的吸引力呢。

遭道長怒斥「愚不可及」的無能大臣

藤原顯光

生卒年 九四四～一〇二一年
父 藤原兼通
母 元平親王之女
家系 北家九條流

說起平安時代的政治，就是不斷反覆形式化的儀式，給人沒有效率的印象。接受天皇裁示的手續也多半成了形式化的儀式，在某方面來說的確是流於表面，但儀式可用來建立及加強君臣關係與秩序，確實有其效果。在宮廷社會中，儀式就等於政治。此外，在攝關時期很重視稱為「陣定」的公卿會議，舉凡地方行政、對外政策、元號制定、刑事案件解決等各個領域的事務都在此處理。平安貴族可不是成天只醉心於戀愛與饗宴。

由此可知，公卿也需要具備一定程度的政務能力，但在這個重視家世的時代，不免出現擾亂現場的無能人士。道長的堂哥顯光，就是箇中代表。

顯光是兼通之子，兼通就是與道長之父兼家相爭攝關的人。兼通就任關白之後，迅速升遷，僅僅五年就經歷參議後成為權中納言。顯光在父親死後，地位陸續被堂弟道隆、道長超越，但接下來在九九五年（長德元年）多位公卿因為疫病身亡，加上內大臣伊周的失勢，顯光在五十三歲成了次於左大臣道長的右大臣。話說回來，顯光只不過是個花瓶大臣，據說實資形容他「出仕朝廷至今，已受萬人嘲笑」。

一〇一六年（長和五年）一月，眼看著三條天皇即將讓位，要進行固關、警固之儀（鞏固各國關卡的手續），由顯光擔任上卿。雖然道長委婉建議他辭退，但顯光仍一意孤行，致使步驟處處出錯，儀式上的用字遣詞也錯了很多，讓公卿與官員忍不住大笑。道長怒斥，「愚蠢至極！」實資則在《小右記》中記下，「今天的儀式錯誤百出，眾家公卿在牆後嘲笑不斷」。

同年，道長成為攝政，無法再兼任一上（執行公務的首席公卿）。當時，道長並未讓原本的首席公卿顯光擔任一上，而是命定大納言之下的人，這也是因為受不了顯光的無能。然而，隔年顯光仍成為接任道長的左大臣，站在太政官之首。

因為家世背景與長壽而不斷往上爬的顯光，晚年過得卻不好。顯光安排女兒延子成為東宮敦明親王（小一條院）的妃子。然而，敦明在父親三條上皇死後辭退了東宮，並以道長之女寬子為妃，遭到冷落的延子在失意之中過世。顯光在憤恨下一夜白髮，死後成為詛咒道長之女的「冤魂左大臣」，令人害怕。

精通各項藝文的攝關時代第一才子

藤原公任

生卒年 九六六～一〇四一年
父 藤原賴忠
母 嚴子女王
家系 北家小野宮流

攝關時期在政治、文化方面人才輩出。而在各個領域都能發揮出眾的才華，並集貴族社會尊重於一身的就是小野宮流的藤原公任。有一段充分展現公任多樣化才華的小故事，史稱「三舟之才」。故事發生在圓融法皇在多位公卿、殿上人的伴隨下於大井川遊覽，當時準備了作文（漢詩）、和歌、管弦三艘小船，讓各個領域的好手各自搭乘，並互相較勁一番，而公任每一艘船都搭了，更展現他的多方才華。

至於政治方面，他是名列「寬弘四納言」的名臣。此外，他還是和歌權威，花山院的敕撰集《拾遺和歌集》，據說就是以公任挑選的私撰集為參考藍本。公任對歌壇的影響力非常重大，據說歌人藤原長能因為受到公任稍微指出和歌作品中的矛盾，最後竟然難過到病死。當時集結了盛行的朗詠（歌曲）名句集《和漢朗詠集》，以及宮廷中被奉為最重要的儀式書之一《北山抄》，都是由公任編纂而成。他在七十六歲去世時只當到權大納言，這輩子卻實現了理想的貴族形象。

以漢詩才華成為越前守的紫式部之父

藤原為時

生卒年　?～?
父　藤原雅正
母　藤原定方之女
家系　北家良門流

為時是良房之弟良門後裔的北家庶系。他的祖父是三十六歌仙之一的堤中納言兼輔，父親雅正也是知名歌人，卻沒能獲得官位，是歷任受領的低階貴族。為時是雅正的三男。他師事菅原文時學習紀傳道（中國史），與藤原長良後裔的為信之女結婚。兩人生下兩女及嫡子惟規，次女就是紫式部。

為時侍奉花山天皇成為式部丞，卻因為花山退位，兩年後就沒了工作。總算在十年後，九九六年（長德二年）成了受領。當時，為時對於成了薪資微薄的淡路守感到不滿，呈上了一段名句，「苦學寒夜，紅淚霑襟，除目春朝，蒼天在眼」，據說一條天皇看了非常感動，便更換其職為越前守。然而，任期結束後他再次成了無業的浪人，只是接下來他參加道長主辦的宴席，以歌人、詩人打響名聲。

一〇一一年（寬弘八年），為時再度獲任越後守，嫡子惟規卻在任職地病死。或許因為太過悲傷，為時在一〇一四年（長和三年）任期未滿便辭職，兩年後於園城寺出家。

紫式部

創作《源氏物語》的天才女作家

生卒年 約九七〇年～？
父 藤原為時
母 藤原為信之女
家系 北家良門流

丈夫先離世的悲痛

女房是服侍貴人的侍女，屬於能配給到房（房間），地位相對高的女性。許多志在成為外戚的高層貴族，送女兒進宮時都會挑選優秀的女房隨侍。由於天皇擁有眾多妃子，為了讓女兒順利生下皇子，必須要有吸引天皇的魅力。貴族父母會挑選才女隨侍在側，提高女兒的素養，增加女兒身處的沙龍魅力，以討天皇歡心。

一條天皇的中宮彰子的沙龍有赤染衛門、和泉式部等當代一流歌人隨侍，但其中具備出眾文采及學識的女性當屬紫式部。她的父親是獲學者大江匡衡評為「未獲重用實為遺憾」的一流文人藤原為時，母親則是學者藤原為信之女。從父母雙方家族遺傳文藝天賦的式部，據說從小就展現才華洋溢的一面。父親為時教授嫡子惟規漢籍時，反倒是旁

紫式部譜系略圖

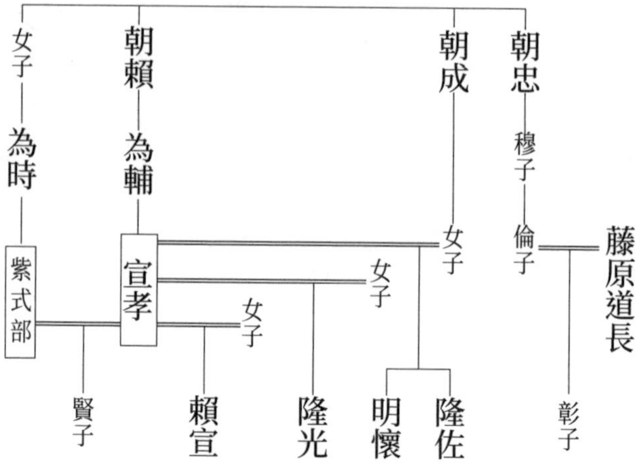

聽的式部學得很好，讓父親感到遺憾她不是男兒身，這段小插曲就記錄在《紫式部日記》裡。

九九六年（長德二年），式部與成為國守的父親為時一同到了越前（福井縣）。返京後與山城守藤原宣孝（良門之子高藤的後裔）結婚，並於九九九年（長保元年）生下女兒賢子。然而，兩年後丈夫身亡，短短三年的婚姻生活就此劃下句點。接下來的幾年，式部過著幾近繭居的生活，經常發呆、沉思，靠著花色、鳥鳴、戶外的霜雪狀況才知曉四季變化。據說這段沉潛的生活中，加強了式部書寫的意願，於是動手創作《源氏物語》。

由於《源氏物語》獲得極高評價，一

〇〇五年（寬弘二年）左右，式部入宮服侍一條天皇的中宮彰子。至於個性內向的式部為何決定出仕，動機不明，據說很可能一來希望父親為時能藉此仕途順遂，另一方面也能發揮自己的學識才華，並且入宮後能更生動描述《源氏物語》中的場景。

一開始她因為父親官職的關係被稱為藤式部，後來在《源氏物語》大受歡迎後，取了女主角紫之上的「紫」字，成了紫式部。至於她的本名則不詳，也有人認為與一〇〇七年（寬弘四年）女官除目時成為掌侍的藤原香子是同一人。

與眾家公卿的交流

式部出仕時，《源氏物語》在宮中廣為流傳，一條天皇還曾評論，「作者一定讀過《日本書紀》」（為此她還被取了「日本紀御局」這個不光彩的綽號）。此外，藤原公任在宴會上，還半開玩笑問式部，「有看到若紫（紫之上年幼時的名字）嗎？」由此可知，《源氏物語》不僅吸收了日本的史書，更和《白氏文集》、《文選》、《史記》、《論語》等著作同樣充滿了漢學知識，獲得當代傑出文化人士的青睞。

身為女房，和公卿交流的機會較多，《小右記》的作者藤原實資在出入彰子後宮之際，負責聯繫安排的就是式部。順帶一提，在《小右記》中，一〇二三（長和二年）五月二十五日有「越後守為時之女」的內容，這是紫式部出現在貴族日記中唯一確實的紀錄。此外，式部與彰子之父道長有一起創作和歌的交情，曾有道長在夜裡來到式部的房間，敲打窗戶的小插曲。甚至有兩人發展出男女關係的說法，但真相不明。

式部將體驗到的宮廷生活生動記錄在《紫式部日記》中。日記中記下自一〇〇八年（寬弘五年）到一〇一〇年（寬弘七年）一月發生的大小事，包括日常紀錄、各類消息等，包括彰子首次生產的景象，以及式部自己的處事觀、對周圍人物的評價等，都用流暢優美的和文記錄下來。其中式部對於服侍定子的清少納言給予像是「高傲且愛裝聰明」、「賣弄漢學才華」等嚴厲批判，可看出把對方當作敵手的感覺。

式部離開宮廷的時間不可考，根據《小右記》的記載，推測一〇一九年（寬仁三年）左右式部仍在宮中。至於晚年的情況以及何時離世並不清楚。她的獨生女賢子和母親一樣，擔任彰子的女房之後成為後冷泉天皇的乳母，受敘從三位稱為大貳三位。她同時也是知名的一流歌人，名列女房三十六歌仙。

藤原道綱

母親為《蜻蛉日記》作者的萬年大納言

生卒年	九五五～一〇二〇年
父	藤原兼家
母	藤原倫寧之女
家系	北家九條流

藤原道綱是兼家的次子，母親是北家長良流藤原倫寧的女兒。倫寧曾任陸奧、河內（大阪府）、丹波（京都府、兵庫縣）等地的受領，是中階貴族。生下道隆、道兼、道長的時姬也是受領階層出身，身分並不高，但兼家仍在東三條殿迎娶時姬成為正室。另一方面，兼家探訪道綱之母較少，在《蜻蛉日記》中很多地方都描寫道綱之母苦苦等候夫君來訪的落寞心情，以及道綱夾在父母之間不知所措的情景。道綱滿兩歲時，兼家每回來訪都會說「我會常來」後才離開，年幼的道綱記得之後，經常在家中耍賴說「常來！常來！」。此外，十二歲時，父母吵架，兼家大怒之下丟下一句「再也不來這個家！」憤而離去，據說道綱躲進母親的簾後暗自哭泣。

至於著名的「困鳴瀧」則是在道綱十七歲的時候。母親為了讓兼家回心轉意，帶著道綱到鳴瀧（京都市右京區）的般若寺，就待了下來不離開。兼家一驚，立刻要去接回母子倆，道綱的母親卻因意氣之爭，絲毫不為所動。道綱夾在父母之間調解，為此在深夜多次上下長長的階梯，但最後兼家還是離開了，道綱因此忍不住大哭。

因為母親的狀況，道綱在仕途的晉升上自然比正室之子道兼、道長都來得慢。比他小六歲的道兼在二十九歲成為權大納言、三十一歲成為內大臣；相對之下，道綱成為大納言時已四十三歲，而且接下來二十年都停留在同一個位置，終究沒能成為大臣。

話說回來，道綱升遷緩慢的原因，或許不僅是母親的地位低微。道綱與才華洋溢的道隆及道長比較之下，似乎並不特別有能力。一〇一九年（寬仁三年），傳出左大臣顯光辭職的流言時，道綱曾向道長懇求，即使一個月也好，希望能當上大臣。道長原先也已理解，結果顯光並未辭職，道綱的運作也無疾而終。當時藤原實資在《小右記》裡，對於道綱的批評相當嚴厲，認為他是「大字不識之人」，難成大臣之器。加上當時的大納言，包括實資在內還有公任、齊信等多位有才幹的人物，或許更突顯出道綱的無能。

道綱與源倫子的妹妹結婚，生下兼經，但他的妻子在生產後就身亡。之後他成為以擊退酒吞童子而聞名的源賴光的女婿，但沒有再生孩子，於六十六歲離世。原本期待攀上攝關家締結姻親關係的賴光，只能後悔將年輕女兒嫁給老邁的道綱而成為寡婦。

穩坐攝關大位長達五十年

藤原賴通

生卒年 九九二～一〇七四年
父 藤原道長
母 源倫子
家系 北家御堂流

攝關在職長達五十年

賴通與具平親王之女隆姬結婚時，父親道長曾欣喜表示，「男人就靠妻子成就」。這句話的意思是「男人是由妻子來決定其價值」，能夠進入高貴的家族成為女婿，不但關乎貴族的名譽，在政治上也極其重要。就說道長自己，他也娶了兩位賜姓皇族的女子為妻，一是源雅信之女倫子，以及源高明的女兒明子。

賴通是道長的長子，母親是正室倫子，因此他在一〇一七年（寬仁元年）二十六歲時就接受父親讓位，成了當時最年輕的攝政。後來歷經後一條、後朱雀、後冷泉三任天皇，擔任攝關長達五十年，也創下攝關在職最久的紀錄。

之所以能長期執掌政權，除了父親道長建立了與天皇家的外戚關係，有一部分也倚賴賴通本身的資質。賴通獲得同時代的公家評為具備「惠和之心（慈愛善良溫柔的心）」，在身為大殿的道長過世後，他成為名符其實的朝廷第一把交椅，仍舊在推動政務上聽從姊姊彰子與賢人右府實資等人的意見。正因為他是個性敦厚且想法具彈性的政治人物，才會打造出穩定的政局。

在文化方面他也扮演了主導的角色。賴通本身是一流的歌人，作品更收入《後拾遺和歌集》等敕撰集中，此外，他還以歌壇庇護者的身分主辦和歌活動，籌劃編纂歌集。一〇五二年（永承七年），賴通接續道長將宇治的別墅改建成寺院，創立平等院，留名建築史。展現極樂淨土的華麗鳳凰堂，成為傳承王朝文化精髓的遺產，歷經約千年仍在今日讓眾人醉心不已。

攝關家的確立

看起來似乎是無可挑剔的政治家生涯，但其實賴通的政治路有個致命的缺點，那就是他和父親道長不同，並未受到女兒的庇蔭。也就是說，他沒能和天皇建立新的外戚關係。

賴通除了隆姬之外，還有包括藤原賴成之女祇子等多名妻子，但只有一個女兒，即祇子生下的寬子。賴通先收隆姬的姪女嫄子（敦康親王之子）為養女，進入後朱雀後宮卻生下皇女就身亡。接下來進入後冷泉宮內的寬子則沒生下皇子。賴通始終沒能有外孫皇子，就在一〇六八年（治曆四年），也就是他七十七歲時將關白一職讓給弟弟教通，自己則隱居宇治。

然而，教通的女兒進宮之後也沒能生下皇子，後冷泉就在無皇子的狀況下過世，後來由三條天皇之女禎子內親王的兒子後三條天皇即位。事實上，這是自宇多天皇之後，相隔一百七十年由與藤原氏無外戚關係的天皇即位。

後三條在長達二十四年的東宮時代遭到賴通的冷淡對待，對此懷恨在心，因此以中下階貴族為智囊，親自執政。他推動像是大規模農莊整理令等不顧忌藤原氏立場的政治改革，使得攝關家的向心力逐漸降低。

賴通無法成為天皇外祖父固然是運氣不好，但這個狀況也充分展現了攝關政治受到與天皇之間血緣關係的偶然性影響，是多麼危險的一件事。此外，安排後三條成為東宮的，是賴通的異母弟弟能信，據說這背後也有攝關家嫡系與旁系的鬥爭。

另一方面，有人認為攝關政治在賴通時代進入了新的階段。其一是賴通任職攝關長達五十年，使得賴通子孫等於攝關家的家格觀念根深蒂固，自此之後，即使與天皇沒有外戚關係，也習慣由賴通的子孫來繼承攝關一職。此外，在禮儀作法方面，賴通時代的前例也受到子孫重視，例如他的曾孫忠實在執行儀式時，就參考了宇治殿（賴通）的作法。

累積廣大攝關家領莊園也是賴通的業績。後三條一意孤行要整理莊園時，賴通謊稱「多年來純粹接收來自領主進呈，並無任何證明」，藉此讓攝關家領從整理的對象中免除。在賴通時代累積的各個莊園，後世稱為「殿下渡領」，直到後世都確保了攝關家在經濟上保持優越的地位。從確立攝關家地位，到讓御堂流成為公認的宮廷社會最高家系，從這幾方面來看，賴通完成的使命都不容小覷。

藤原教通

與兄長賴通因攝關一職而對立

生卒年 九九六～一〇七五年
父 藤原道長
母 源倫子
家系 北家御堂流

教通是道長的五男，正室倫子生下的兒子，因此對異母的幾個哥哥都抱持一股優越感。兄長賴通成為太政大臣時，在祝席上教通行了跪禮。對此，異母哥哥東宮大夫能信表示責備，教通卻辯駁，「入道大人（道長）曾說要將宇治大人（賴通）當作親人。像東宮大人這樣，是把入道大人的話當作耳邊風吧。」

七十三歲時，教通繼賴通之後成為關白。原本賴通是打算讓位給兒子師實，但姊姊彰子表示有道長的遺命，終究讓教通接班。當時賴通命令教通，將來仍要讓位給師實，臨死前還要教通承諾。豈料，希望讓自己嫡子信長繼承的教通只拋下一句，「這是由天皇決定的事。」賴通最終抱著遺恨離世。然而，教通也在隔年死亡，攝關一職便按照計畫由師實繼承。據說，這是以師實養女身分入宮的藤原賢子向白河天皇請求而成功的。由此可知，攝關之力雖然逐漸衰退，反倒突顯藤原氏女性的發言更加有影響力。

策劃尊仁親王立太子的攝關家非主流派

藤原能信

生卒年　九九五～一〇六五年
父　藤原道長
母　源明子
家系　北家御堂流

能信是道長的四男，由於他的母親是二房明子，讓他對賴通、教通這些攝關家主流派抱持對抗的心態，能信與教通的隨從也曾在京城裡掀起暴力事件。

能信似乎很像父親，個性剛毅。在宮中進行佛教儀式時，他與藤原兼房（道兼之孫）、源經定二人發生爭執扭打起來。當時，受到經定父親委託介入仲裁的能信，一站起身就用手中的扇子敲打兩人的肩膀，把兩人分開。

在與天皇家建立關係的想法，能信也和主流派的主張有所不同。他以皇后宮大夫的身分，侍奉後朱雀天皇的皇后禎子內親王（與道長敵對的三條天皇之女），和禎子生下的尊仁親王也建立起親近的關係。之後在後朱雀重病時造訪，獲得將尊仁立為後冷泉天皇皇太子遺詔的也是能信。日後尊仁即位成為後三條天皇，為攝關政治劃下休止符，從這個角度來說，或許能信也是招致攝關家凋零的一人。後來能信擔任尊仁的東宮大夫長達二十年，卻沒能親眼見到尊仁即位，在七十一歲過世。

深度專欄

描繪「強硬派貴族」的作品——《大鏡》

《大鏡》是以人物列傳形式來描寫自良房到道長的攝關家歷史故事。完成時間在平安末期的十二世紀初，作者不詳，但可確定是男性。敘述的範圍從九世紀中葉的文德天皇到後一條天皇之間的一百七十六年。由位於京都的北西野紫雲林院中，一百九十歲的大宅世繼和一百八十歲的夏山繁樹這兩位超年長者，以說古的特殊形式來構成。由於兩人以即時討論所見所聞，因此設定了超越現實的年齡。

相對於描寫道長榮景的《榮花物語》強調王朝生活的優美，本書則出現了道長「踩扁公任的臉」這種言論，有很強的意識將他描寫成具有風骨的政治人物。除了評論將女兒當作政爭工具的道長權謀術數之強，其他對於道隆的酒豪風格、隆家剛毅態度的這些事蹟給予好評，甚至有時提到元方等人化為冤魂，對設法報仇的怨念也持肯定的態度。

本書完成於院政時期，此時正是武士、中下階貴族等新興勢力崛起的時代。也有人認為，是實力主義的氣氛，孕育出稱頌強而有力者的作風。

第四章——在院政與武家政權中求生存的攝關家

平安後期到鎌倉時代

院政的開端

日本的中世，一般來說是以十一世紀中葉開始，出現了包括莊園制的發展、上皇（院）與攝關家及有力寺社等巨大權門並立、武士崛起、百姓與村落自立等代表中世紀特色的變化。這個時代恰好是中央政界攝關政治衰退，由上皇主導政治的院政成為主流。

所謂院政，就是由稱為治天之君的天皇家家長，以天皇之父或祖父的身分執行政務的政治。攝關政治的制度下，若是未與天皇建立外戚關係就很難維持權力；另一方面，院政由於治天之君是天皇的父親、祖父，站在絕對的立場來執行政務，相較之下權力穩定，比起受到祭祀、禮儀約束的天皇，能更加自由執政並調整人事。

院政的起始眾說紛紜，但轉機就出現在睽違一百七十年、沒有藤原氏為外戚的後三條天皇即位後。冷泉天皇之後，讓中斷百年的親政復活，重用有才能的中下階貴族，並進行改革，包括下達莊園整理令、營建大內裏（皇居），以及引進公定升的度量標準。

然而，後三條在位僅僅不到五年就讓位給白河天皇（母親為藤原茂子）。有說是為院政準備，也有說是生病，但真正的理由並不清楚。可以確定的是，在讓位時，同時將白河的異母弟弟、也就是源氏之子實仁親王立為皇太弟，藉此阻止攝關政治。

但白河卻希望將皇位傳給自己的孩子。一〇八六年（應德三年）白河讓位給八歲的第一皇子堀河天皇（母親為師實的養女賢子），以師實為攝政，為了穩固幼帝的地位親自監督政務。這就是實際上院政的開端。

然而，白河並非從一開始就掌握權力。由於接續師實繼任的師通個性剛愎，對白河的意見充耳不聞，與有賢王之譽的堀河一起領導政局。但師通、堀河都在年紀輕輕就過世，一一〇七年（嘉承二年），五歲的鳥羽天皇即位後由白河掌握實權，接下來超過二十年，他都以專制君主的身分掌控朝廷。在長期執政之下，院政體系逐漸成形，到了鳥羽、後白河、後鳥羽時代達到最盛時期。

以個人身分與治天之君有關連的中下階貴族，作為院的近臣而崛起，這也是院政時期的特色。例如，上皇乳母的先生或兒子、有才能的實務官僚、學者、富裕的受領等，透過建造寺社或是捐獻莊園、擔任貼身警衛等與治天之君建立親近的關係，不時介入政務或人事決策。其中最具代表性的就是白河乳母之子、魚名流的顯季，和以高藤之子定方為始祖的勸修寺流的為房、顯隆等人。顯季的子孫有稱為善勝寺流的四條、山科等，為房的子孫則出現了勸修寺、吉田、萬里小路等分支。

攝關家的成立與平家崛起

賴通子孫繼承攝關家的習慣，也是在這個時代建立起來的。至於決定性的關鍵就是針對鳥羽天皇的攝政之爭。由於身為攝政的忠實（師通之子）與鳥羽並未有外戚關係，因此，鳥羽之母苡子的哥哥公實，提出該由身為舅舅的自己來擔任攝政才適合。

公實出身於師輔么子公季開啟的閑院流，只不過是攝關家的旁系。白河雖然曾一度猶豫，但他仍然重視道長之後由賴通、教通等御堂流後人繼承攝關的慣例，最後仍由忠實接任攝關。因為白河的這項決定，定下了無論是否有外戚關係都由御堂流來繼承攝關的原則，可說攝關家名符其實地成立。落敗的公實，子孫以院政時期天皇家外戚的身分興隆旺盛，之後更分出三條、西園寺、德大寺等多個家族益發繁榮。

忠實為走下坡的攝關家復興注入一股動力。他保護春日社、興福社，累積被分割繼承的莊園，試圖重振經濟基礎，並組織源為義等武士與興福寺的惡僧來確保自有的武力等，更進一步蛻變為中世紀的權門勢家。

然而，忠實引退之後，他的長子忠通與次子賴長卻為了攝關之位形成強烈對立。雖然有一段時間由賴長擔任內覽掌握實權，卻受到與鳥羽院寵姬美福門院得子聯手的忠通重振反撲後失勢。遭到逼退的賴長，於一一五六年（保元元年）與受到父親鳥羽院疏遠而被排除於皇統之外的崇德上皇聯手，引發保元之亂。

僧人慈圓評論為「開啟武者之世」的這場亂事，最後由擁有平清盛、源義朝等源平主力的後白河天皇（崇德之弟）獲得勝利。支持後白河的忠通也保住了關白的地位，但忠實、賴長與崇德聯手使得攝關家領地遭到沒收，而原本藤原氏內部繼承的藤氏長者地位也改為要受治天之君後白河所任命，成了攝關家勢力從此衰退的關鍵因素。

三年後，平清盛在平治之亂中打敗源義朝，以武家棟梁之姿掌握國家軍事、警察權，忠通的嫡子基實則迎娶清盛之女盛子為正室，試圖鞏固權力基礎。在保元之亂敗北後，原先守護攝關家領地的武士與惡僧都遭到排除，只能倚靠平家武力來守住領地。然而，基實在二十四歲年紀輕輕就突然死去，雖然之後由弟弟基房繼承，攝關家領地已成了名目上由盛子管理，實際上卻由平家來控制了。

攝家將軍的誕生與五攝家成立

一一七九年（治承三年），清盛將後白河幽禁後建立獨裁政權。清盛的女婿基通（基實之子）成為攝關，實權卻掌握在平家手中。為此，反對平家獨裁的眾多勢力在各地起兵，最終發展成全國規模的亂事（治承、壽永內亂）。最後鎮壓了關東的源賴朝和朝廷聯手，消滅平家與奧州藤原氏，建立鎌倉幕府。

握有天下軍事、警察權的賴朝，為了掌握朝廷，提拔一直與平家保持距離的忠通六男兼實成為攝關。自此之後，攝關家以基實為祖的嫡系近衛家，與以兼實為祖的九條家，兩家競爭攝關的地位。

一二一九年（承久元年），由於幕府內部的紛爭導致三代將軍源實朝遭到暗殺，九條道家（兼實之孫）在鎌倉擁立三男賴經成為四代將軍（攝家將軍）。一二二一年（承久三年），後鳥羽上皇與執權北條義時的對立引發了承久之亂。皇室落敗後，根據幕府的意願將上皇流放，由未參與亂事的後堀河天皇（後鳥羽之姪）即位。此後，皇位繼承等於反映出幕府的意向，確立了武家對於公家政權上的優越地位。

九條賴經成為將軍後，父親道家一時手握無人可敵的權勢，更擔任扮演仲介幕府與朝廷角色的關東申次。賴經之子賴嗣也成為將軍，持續了兩代的攝家將軍，但實權仍握在北條氏手中。直到賴經因為謀反的理由遭逐出幕府，道家失勢（遭到罷免），此後，到幕府滅亡之前都是由閑院流的西園寺家世襲關東申次，掌握大權。攝家將軍之後，幕府擁立後嵯峨天皇之子宗尊親王為六代將軍，皇族將軍持續直到幕府滅亡。

九條家由道家之後也就是嫡子教實繼承本家，弟弟良實、實經則分別另起二條家與一條家。近衛家也一樣，與道家相爭攝關的近衛家實後代中，三男兼經繼承本家，弟弟兼平另起鷹司家，近衛、九條、二條、一條、鷹司這五攝家成立，持續到幕末。整個鎌倉時代，逐漸形成由各家嫡系以敘爵順序就任攝關的慣例。

同一個時期，天皇家也面臨轉機。一二七二年（文永九年），長期執行院政的後嵯峨院還來不及指定接班人就身亡。為此，皇統分裂為源自長男的後深草上皇的持明院統，與其弟龜山天皇的大覺寺統，出現了針對皇位繼承與治天之君地位之爭的嚴重對立。幕府宣布由兩統輪流繼任皇位的原則，稱為兩統迭立，卻無法停息風波，連帶使得尊奉各統的貴族對立也愈演愈烈。

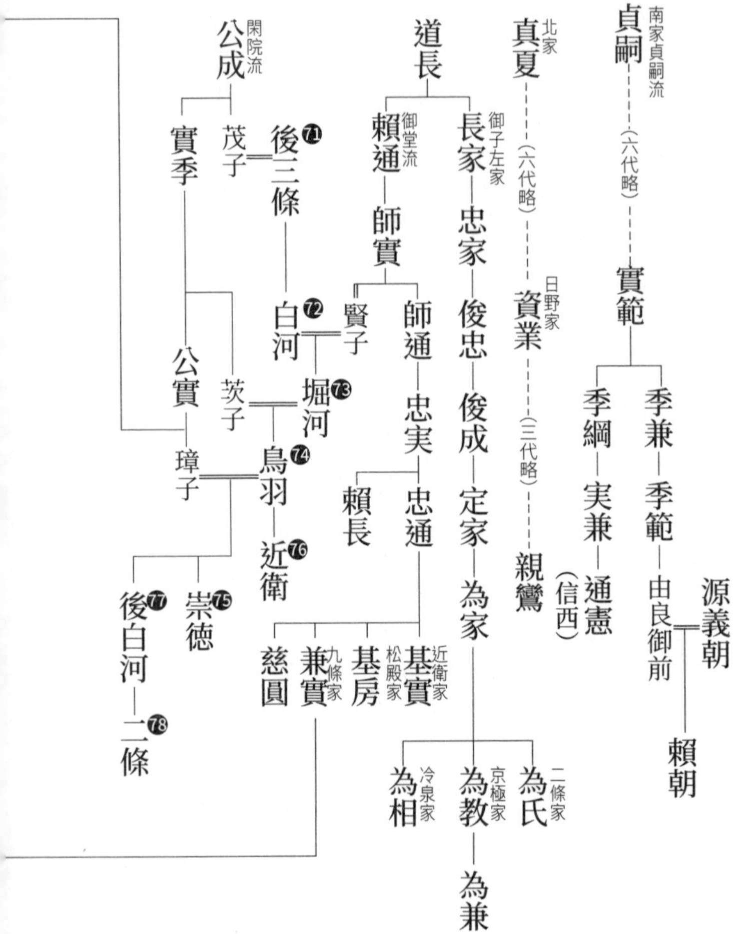

南家貞嗣流
貞嗣
（六代略）
實範
季兼
季範
由良御前
源義朝
賴朝
季綱
実兼
通憲
（信西）
北家
真夏
（六代略）
日野家
資業
（三代略）
親鸞
道長
御子左家
長家
忠家
俊忠
俊成
定家
為家
二條家
為氏
京極家
為教
為兼
冷泉家
為相
御堂流
賴通
師實
師通
忠実
忠通
近衛家
基實
松殿家
基房
九條家
兼實
慈圓
賴長
賢子
閑院流
公成
茂子
實季
公實
苡子
璋子
71
後三條
72
白河
73
堀河
74
鳥羽
76
近衛
75
崇徳
77
後白河
78
二條

藤原氏譜系略圖④

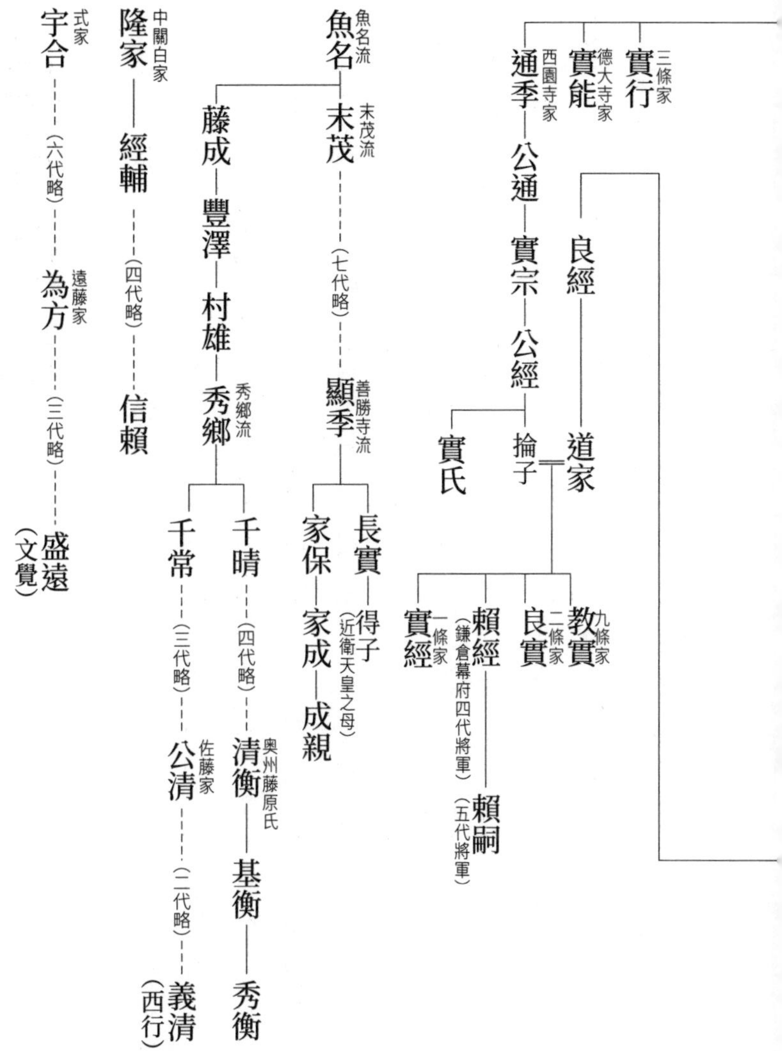

※圓圈中的數字是根據「統皇譜」的天皇代數

無論院政與神罰都無所懼的剛毅關白

藤原師通

生卒年 一〇六二～一〇九九年
父 藤原師實
母 源麗子
家系 北家御堂流

道長死後，賴通、教通這些攝關家的嫡系似乎被幸運之神遺忘了，沒有人生下女兒。繼教通手上接下攝關一職的師實也一樣，雖然生了包括嫡子師通在內的眾多男子，卻沒有女兒，後來收了村上源氏的源顯房之女賢子為養女。賢子在一〇七一年（延久三年）奉後三條天皇之命成為貞仁親王（白河天皇）之妃。師實的父親賴通為此喜極而泣，但據說後三條實際上的目的，是為了獲得賢子原生家庭村上源氏的權力。

所幸白河天皇寵愛中宮賢子，後來也讓位給她生下的堀河天皇。然而，白河天皇並不打算就此放下政治主導權，親自監督幼帝開啟了院政。成為攝政的師實由於個性溫和敦厚，並不太施展身為外戚的權力。

然而，一〇九四年（嘉保元年）代替父親師實成為關白的嫡子師通，與英明的堀河天皇合作開始掌握政治主導權。根據《今鏡》的敘述，師通相貌秀氣，體格挺拔，學者大江匡房說過「甚至想讓唐國人見識見識這號人物」。此外，師通富有學識、才藝，更具備漢詩、和歌、琵琶、書畫等多方面的技藝。

只不過，他的個性和父親完全相反，剛愎固執，凡事都要講理。在政務方面，對於白河院與大殿師實的意見充耳不聞，絕大多數狀況只與堀河商量後就裁決。他也批判奉承白河的眾多廷臣，據說他曾斥責，「侍奉天皇雖是理所當然之事，但聚集在已讓位的天皇門口成何體統！」話雖如此，師通重用賢人，在朝廷內也深得人心，白河對他也得另眼相待。而師通本身是攝關家睽違已久出現的優秀人才，如果他能活得久一點，或許就不會有日後的院政時期。

然而，師通就任關白不過五年，就以三十八歲的年紀猝死。他在臨終之前仍勤於政務，因此有人謠傳他的身亡是因為日吉山王的詛咒。先前在一〇九五年（嘉保二年），延曆寺的惡僧大舉入京，抬著守護神日吉山王的神轎對朝廷進行「強訴」。所謂強訴，是寺社利用神佛的權威向朝廷提出訴求的示威行動。個性剛烈耿直的師通不屈服要求，還命令源義綱等旗下武士發箭驅逐，導致惡僧與神人都有死傷。

因為這段過去，有人認為師通之死是遭到日吉山王的懲罰。貴族對延曆寺的詛咒愈來愈恐懼，也成了日後寺社強訴頻頻的關鍵事件。師通的驟逝導致攝關家加速凋零，另一方面也讓白河院政逐漸具體成形。

藤原忠實

溺愛次子賴長而招致攝關家的分裂

生卒年 一〇七八～一一六二年
父 藤原師通
母 藤原全子
家系 北家御堂流

忠實繼承驟逝的父親，在二十二歲時成為御堂流的家主。在與天皇無外戚關係之下，實權握在老練的白河院手中，忠實的仕途一開始就不順遂。鳥羽天皇五歲即位時，由於鳥羽的舅父、也就是閑院流的藤原公實希望擔任攝政，攝關大位差一點就被搶走。此外，聯姻策略也不順利，忠實未獲得白河院的許可，就安排女兒勳子進入鳥羽院後宮，招致白河院大怒，一一二〇年（保安元年）忠實遭受停止內覽，後來隱居宇治，由嫡子忠通代為接任關白，但這也成了父子對立的開端。

九年後，白河院離世，開啟鳥羽院政，忠實也以內覽回歸政界。這麼一來，忠通的關白一職成了有名無實，加深了父子對立，忠實也更確定要讓疼愛的次子賴長繼承攝關的心意。

話說回來，雙方的對立忠通也有責任。忠通因為長年沒有子嗣，便收了年紀相差很多的弟弟賴長為養子。豈料在一一四三年（康治二年）親生兒子基實出生之後，忠通的態度出現轉變，不想把攝關讓位給賴長。至於對立的關鍵性因素，就是兄弟各自將養女送入鳥羽院之子近衛天皇的後宮。忠實與忠通斷絕關係，搶走藤氏長地位、家主宅邸的東三條殿，以及傳家寶朱器台盤並交給賴長。鳥羽院任命忠通為關白，賴長為內覽，這般搖擺不定的裁決使得對立始終沒有消弭。

賴長雖然作為內覽、左大臣掌握實權，但他過於嚴格的施政態度，招致朝廷眾臣的反彈，因而失勢。鳥羽院死後，他與崇德上皇聯手反抗後白河天皇卻落敗（保元之亂）。身負重傷的賴長前往宇治向父親求救，遭到忠實拒絕。忠實不願意為了藏匿叛亂者賴長而使得攝關家上下都受到牽連。另一方面，擁護後白河的忠通獲得認可為藤氏長者，這是第一個由天皇決定藤原氏嫡系的例子，給人的印象就是攝關家已逐漸凋零。此外，身為忠實、賴長家臣守護莊園的源為義等武士遭到處刑，也顯示攝關家領地的控制力大幅降低。

亂事之後，忠實與忠通合作奮力保住攝關家領地。朝廷原本打算沒收忠實、賴長的領地，但忠實將自己的莊園讓給忠通，逃過被沒收的命運。面對攝關家前所未有的重大危機，父子終於同心協力，攜手合作。忠實當時以七十九歲高齡得免嚴懲，但仍遭幽禁於洛北知足院，在六年後離世。

因保元之亂而滅的惡左府

藤原賴長

生卒年　一一二〇～一一五六年
父　藤原忠實
母　藤原盛實之女
家系　北家御堂流

忠實的兩個兒子，忠通與賴長，兩人在各方面都形成對比。忠通的母親出身名門村上源氏，賴長的母親則是受領的女兒，她的父親是侍奉忠實的家司。此外，相對於忠通敦厚冷靜的個性，賴長則易怒，在任何方面都相當極端。

忠實曾比較二人，評論「哥哥擅長風月，弟弟通曉經史」。忠通在和歌、管弦等風雅之道上表現優異，尤其書法一流甚至成為法性寺流之祖。另一方面，賴長則精通儒教、歷史等中國典籍，並獲得「日本第一大學生（大學者）」的讚譽。

賴長也是個很勤奮的人。他遠離飲酒、遊樂，一心一意鑽研學問，據說不到三十歲已經閱讀超過千冊書籍。獲得父親忠實的幫助成為內覽、左大臣之後，他致力復興朝廷禮儀，為的就是重拾攝關家的威信。另一方面，他加強肅正宮廷綱紀，像是嚴格守時之類，並嚴懲違反者，導致眾人稱他為惡左府（強悍的左大臣），對他十分畏懼。

此外，他還會指使旗下的武士暗殺罪犯，經常執行私刑。類似的狀況愈演愈烈下，最大的敗筆就是破壞了鳥羽院寵臣藤原家成的宅邸。為此，賴長失去了鳥羽院的信任，甚至傳出他詛咒近衛天皇的謠言，讓他從此失勢。

一一五六年（保元元年）七月，鳥羽院過世後，賴長與崇德上皇一同進入京都北郊的白河殿。另一方面，後白河天皇陣營則散播崇德與賴長企圖謀反的謠言，命令各國國司要忠實、賴長停止從莊園動員武士。不僅如此，還將賴長的宅邸東三條殿接收，暫時當作皇居。這是要刺激賴長出兵，然後藉此連同崇德一併消滅的計策。崇德、賴長的陣營中雖然聚集了像是源為義及其子鎮西八郎為朝、平忠正（清盛的叔父）等侍奉崇德或攝關家的武士，但與擁有平清盛、源義朝主力的後白河陣營相較之下，戰力相差一大截。

根據《愚管抄》的敘述，在白河殿的軍事會議上，為義建議前往近江（滋賀縣）或東國組織武士，將戰線拉長，或是先發制人攻擊皇宮。賴長卻認為，「現下根本什麼都沒發生呀！」回絕了他的建議，並選擇等待大和（興福寺）援軍採取持久戰。然而，這個缺乏作戰經驗的外行人判斷導致了接下來的災難，崇德陣營遭到後白河軍夜襲大敗。賴長在逃亡途中遭流箭射中，身受瀕死重傷。逃到宇治的賴長要求見父親忠實一面卻被拒絕，在母系親戚的家中過了一晚，終於身亡得以解脫。

鑄成保元之亂遠因的悲慘中宮

待賢門院璋子

生卒年 一一〇一～一一四五年
父 藤原公實
母 藤原光子
家系 北家閑院流

藤原璋子是閑院流公實的女兒，在鳥羽天皇即位時，公實就很想坐上攝政之位。璋子幼年時成為白河院的養女，從小備受疼愛。十八歲時，成了小她兩歲的鳥羽天皇的中宮，並在第一皇子崇德天皇即位隔年的一一二四年（天治元年），受封院號待賢門院。之後，她和鳥羽之間又生下了上西門院統子以及後白河天皇等子女。

雖然璋子的背後有白河院權勢當靠山，享盡榮華富貴，但白河死後她的命運也急轉直下。根據《古事談》的內容，璋子與白河之間有男女關係，即使在進入鳥羽後宮後，兩人仍持續私通。因此，鳥羽懷疑崇德是白河之子，並嫌惡稱其為「叔父子」（意指祖父之子）。白河院死後，鳥羽強逼崇德退位，讓寵姬藤原得子生下的近衛天皇即位。此舉導致天皇家內鬥，也被視為保元之亂中崇德出兵的重要因素。

不僅如此，璋子的親信詛咒得子一事遭到揭發，傳聞璋子才是幕後黑手。一一四二年（永治二年）璋子在法金剛院（京都市）出家，三年後過世。

在檯面下操縱平安後期政治的女性政治家

美福門院得子

生卒年 一一一七～一一六〇年
父 藤原長實
母 源方子
家系 北家魚名流

藤原得子是冰上川繼事件中失勢的藤原末茂（魚名之子）後裔。得子的祖父顯季在平安後期保有四位、五位的位階，成為諸大夫，但因為身為乳母之子獲得重用，其子長實也因作為鳥羽院的近臣，晉升到權中納言的地位。長實之女得子在十八歲時進入鳥羽後宮，且備受寵愛。一一四一年（永治元年），其子近衛天皇即位，她成為諸大夫階層中首位當上皇后的女性，八年後獲頒旨得到美福門院的院號。

得子的權勢極大，忠通一方面鄙視諸大夫之女出身的得子，但同時又獲得她的幫助安排養女呈子入宮。源義朝則侍奉得子成為院近臣，以河內源氏身分暌違五十年再度成為受領。被父親鳥羽院認為「難成大器」的後白河，因為皇子守仁（二條天皇）成了得子的養子而以中繼的身分即位。至於被視為平家崛起契機的保元之亂，要清盛協助後白河陣營的也是得子。得子與遭到命運作弄的待賢門院恰恰形成對比，她以獨立政治家之姿影響平安末期的政治史。

以黑衣宰相主導保元亂後的政局

藤原通憲（信西）

生卒年　一一〇六～一一五九年
父　藤原實兼
母　源有房之女？
家系　南家貞嗣流

藤原通憲出身南家貞嗣流，他生於代代擔任大學頭的學者之家，成為高階家養子侍奉鳥羽院。雖然他擁有豐富學識，出類拔萃，卻無法克服家世低微，放棄了在朝廷內的晉升，最後僅止於正五位下少納言，在三十九歲出家，法號信西。據說，在信西出家之前曾拜訪同樣鑽研學問的賴長，淚流滿面表示，「要是我出家，恐怕會讓他人認為有才華將招致天譴，逐漸就不追求學問。但唯有你，千萬別放棄鑽研學問。」

信西的才華除了歷史、文學、醫學、法律、天文方面之外，更包括今樣[16]、管弦等藝文領域，多才多藝。鳥羽院提問有關日本過去的事蹟與案例時，信西能夠立刻反應、對答如流，就連賴長也佩服不已。據說他曾希望有朝一日能獲任為遣唐使，甚至還學會中文。信西受鳥羽院之命編纂了史書《本朝世紀》，以及收錄法令、慣例的《法曹類林》，這些都成為平安時期的重要文獻，在今日備受重視。

然而，信西出家並不因此遠離塵世，他仍舊希望打破因為家世而決定的律令官制限制，以院近臣的身分更上一層樓。就這一點來看，信西很幸運的是他的妻子紀伊局正是後白河天皇的乳母。近衛天皇死後，當後白河之子守仁出現在皇位接班人選時，據說信西提出沒有理由跳過父親讓兒子即位的前例，主張應由後白河即位。

在保元之亂期間，信西作為後白河陣營的參謀，主張作戰，而支持義朝提出夜襲戰略讓關白忠通執行的也是信西，想必是根據作戰還是應該交由軍事專家負責的合理判斷。與否定為義突襲策略而落敗的賴長恰為對比，但這也顯示出，重視大義名分理論的賴長，與重視實學的信西，兩人作為學者的資質確有差異。

亂事之後，信西作為後白河的近臣掌握實權，加上有了平清盛的財力、軍事實力為後盾，著手推動莊園整理、朝儀復興等改革。大內裏的營建也是由他親自估算經費，成功以最低的花費完成重建。朝廷人事同樣掌握在他手上，卻因為阻撓後白河寵臣藤原信賴的升遷而招怨，最後在平治之亂中遭到殺害。信西生前曾在繪卷中暗示信賴可能會叛變，後白河卻沒有發現，據說讓信西感嘆其為「和漢之間也少見的愚君」。無法獲得主君的青睞，或許也是信西職涯發展上的限制。

16　譯注：日本歌曲的形式，指當下流行的風格。

因平治之亂滅亡的「日本第一蠢才」

藤原信賴

生卒年 一一三三～一一五九年
父 藤原忠隆
母 藤原公子
家系 北家中關白家

藤原信賴是擊退刀伊入寇的藤原隆家後代。從他祖父那一代就是擔任院近臣的中階貴族，但信賴於保元之亂後迅速升遷，不到兩年就晉升五階成了正三位右衛門督。這個前所未見的升遷速度，《愚管抄》中的敘述是「令人難以置信的恩寵」，暗指信賴是後白河男寵的關係。《平治物語》中也出現嚴厲的批評，說信賴「不擅文、不擅武、無能力、無才藝」，全靠著朝廷恩寵才出人頭地。

信賴還想進一步朝大將、大臣的地位邁進，卻遭到信西的阻撓，為此懷恨在心，於是與保元之亂後對賞賜不滿的源義朝聯手發兵。雖然之後殺了信西掌握朝廷實權，卻中了平清盛的計，讓原先遭幽禁於皇宮的二條天皇被救出。信賴就像「盲眼馬蠅」似地倉皇失措，還被義朝怒斥是「日本第一蠢才」。淪落為賊兵的源氏遭平家軍大敗而沒落。信賴直到死前還堅持自己的無辜，卻沒有獲得原諒，最後遭清盛於六條河原處刑。

因鹿谷事件身敗名裂的院近臣

藤原成親

生卒年	一一三八～一一七七年
父	藤原家成
母	藤原經忠之女
家系	北家魚名流

一一七七年（安元三年），在京都東山鹿谷的俊寬僧都山莊內，一群後白河院近臣因一場打倒平家的會議而遭到逮捕。在這起鹿谷事件中，與西光（藤原師光）、俊寬、平康賴等人一同被視為主嫌遭受懲處的還有正二位權大納言藤原成親。

成親是鳥羽院寵臣家成的三男。平治之亂時雖支持藤原信賴陣營，但由於他的妹妹經子是平重盛（清盛之子）之妻，因此得免死罪。亂事之後，成親作為院近臣侍奉後白河，另一方面安排女兒嫁給平維盛（重盛之子），嫡子成經也成為平教盛（清盛之弟）的女婿，與平家締結緊密的姻親關係。此外，他還有惡左府賴長的嫡子師長這個女婿，據說他一步步將師長推上攝關大位，希望有機會藉此主導國政。

遭到清盛逮捕的成親，即使是現任公卿仍受到雙手反綁、拘禁等屈辱，更在流放地備前（岡山縣）慘遭殺害。根據《平家物語》所述，他先是被勸了毒酒卻因警覺而未飲，之後就被推下斷崖，並遭崖下所立菱刺貫穿全身而死。

傳承秀鄉流武藝範式的不世出歌人

西行

生卒年　一一一八～一一九〇年
父　佐藤康清
母　源清經之女
家系　北家秀鄉流

西行的俗名是佐藤義清，他是藤原秀鄉之子千常的後代，自曾祖父公清一代就稱佐藤。十八歲時任兵衛尉，侍奉閑院流的德大寺實能。他具備稱為「重代勇士」的英勇，以及和歌、蹴鞠的素養，成為鳥羽院的北面武士（上皇親衛隊）。

然而，義清卻在二十三歲時突然拋下妻子、女兒出家。家境富裕、年紀輕輕且無憂無慮的西行就這樣遁入空門，讓世人讚嘆不已。自此之後，他以京都東山、嵯峨、高野山、伊勢等地為據點，在日本各地修行佛道。另一方面，也與寂蓮、慈圓、藤原俊成等一流歌人交流，並留下《山家集》、《聞書集》等歌集。一一八六年（文治二年），他為了遊說重建東大寺走訪東國，與源賴朝見面後傳授秀鄉流的武藝範式。

西行喜愛櫻花，曾吟短歌，「願在春日／花下／死／二月十五／月圓時」。最後他也如願在櫻花初綻的二月離世。西行死後，在《新古今和歌集》中收錄了他的九十四首作品，為所有作者之首，這使得西行的名聲不墜，許多有關他的傳說因此而生。

協助源賴朝，對成立鎌倉幕府有貢獻的怪僧

文覺

生卒年	一一三九～一二〇三年
父	遠藤茂遠
母	不詳
家系	式家百川流

因誤殺愛人而出家為僧

遠藤氏是以攝津渡邊（大阪市）為據點的武士，據說是平將門之亂時成為征東大將軍的式家藤原忠文的後代。文覺的俗名是遠藤盛遠，侍奉上西門院統子（後白河之姊）。十八歲時，因為愛慕同僚之妻袈裟御前，橫刀奪愛誤殺對方而出家。根據《平家物語》所述，他在各地經歷了不少荒誕行徑後，「成了靈驗的修行者，他的禱告像利刃似能讓飛鳥落地」。

後來，文覺立志要重建荒廢的神護寺，並在一一七三年（承安三年）闖入後白河法皇御所，要求其捐助莊園而遭到流放伊豆。流放期間，他結識了因平治之亂也流放到伊豆的源賴朝，據說還勸賴朝出兵。雖然不確定真假，但之後他還為賴朝進行祈禱，並將

在獄中的源義朝的骷髏送到鎌倉等，和賴朝的交情甚佳。

經過壇之浦之戰後他轉為擁護平家。他為了拯救平維盛的遺子六代一命而奔走，安排他出家並留在神護寺。然而，賴朝死後文覺失去權勢，對於神護寺領地被後鳥羽上皇收回表達不滿，遭到流放至九州對馬，沒多久就死在流放地。

藤原秀衡

打造奧州藤原氏最盛期的北方霸主

生卒年 一一二二～一一八七年
父 藤原基衡
母 安倍宗任之女？
家系 北家秀鄉流

以奧州平泉（岩手縣）為據點，百年來坐擁奧羽的奧州藤原氏，是藤原秀鄉之子千晴或千常的後代。初代清衡的父親藤原經清，是擁有五位位階的奧州在廳官人。他娶了奧六郡（衣川關以北的地區）俘囚長（俘囚為臣服朝廷的蝦夷人）安倍賴時之女為妻，生下清衡，卻因在前九年之役中與源賴義敵對而遭處刑。清衡則由母親再嫁的對象出羽望族清原武貞撫養長大。後來，清原氏發生內鬥，清衡獲得陸奧守源義家的幫助獲勝，順利繼承清原氏（後三年之役）。獲得朝廷認可奧六郡統治權的清衡，將氏名從清原恢復為藤原，並以平泉為據點統治整個奧羽地區。

二代家主基衡，以巧妙的經營手段來鞏固自己的統治權，例如，他拒絕惡左府賴長提出攝關家領年貢增徵的要求，以及拉攏美福門院得子、藤原家成等院近臣，以防止國守介入等。奧州藤原氏因有豐富的沙金以及北方珍稀交易品，坐擁財富，清衡打造了以金色堂著名的中尊寺，基衡建立毛越寺，接下來的秀衡則成立無量光院，華麗的佛教文化在平泉開花結果。

打造奧州藤原氏全盛時期的是第三代秀衡。他娶了陸奧守藤原基成（引發平治之亂的信賴兄長）之女為正室，並且從不拖欠給朝廷的貢納，與中央政府保持良好關係，進而達成穩定的統治。平家達到全盛時期後，執政當局為了保有奧州產的沙金作為日宋貿易的出口貨品，在一一七〇年（嘉應二年）秀衡就任武家名譽職務鎮守府將軍。九條兼實感嘆，任命「奧州夷狄」秀衡是「亂世之基」。也是在這段時期，秀衡將立志打倒平家逃離京城的源義經迎接至平泉。

治承、壽永的內亂爆發後，由於平家期待秀衡發揮從背後威脅鎌倉賴朝的功能，破例任他為陸奧守。雖然號稱奧州十七萬騎兵的軍事實力對賴朝構成威脅，但秀衡並未進攻鎌倉而是保持中立，以守護奧羽和平。

平家滅亡後，想去除西國威脅的賴朝加強對奧州的壓力，秀衡在平泉收留了與兄長賴朝對立的義經，下定決心不惜與鎌倉幕府展開全面作戰。然而，不久後秀衡罹病，向長子國衡與嫡子泰衡留下遺言，要兩人奉義經為主君後離世。然而泰衡受不了賴朝一再壓迫，最後攻擊義經並逼他自殺。企圖征服奧羽的賴朝抓住這個機會，以號稱二十八萬騎兵的大軍進攻平泉（奧州大戰）。最後泰衡遭到隨從殺害，奧州藤原氏就此滅亡。

九條兼實

因源賴朝相助而成為攝關的九條家之祖

生卒年 一一四九～一二〇七年
父 藤原忠通
母 加賀局
家系 北家御堂流

九條家之祖兼實是藤原忠通的六男。母親是侍奉攝關家的女房，同母弟弟是四度擔任天台座主並著有史書《愚管抄》的慈圓。雖然母親地位低微，但有了姊姊聖子（崇德天皇的中宮）的幫助，兼實在十八歲時成了右大臣。然而，這時是平家的全盛時期。兼實與平家保持一定的距離，因此接下來的二十年，他始終停留在右大臣這個位子。

身為當代首屈一指知識分子的兼實，對於忽視傳統與慣例的平清盛、後白河院帶有批判的態度，還將心中的想法毫無保留記錄在日記《玉葉》之中。一一七〇年（嘉應二年），清盛在福原（神戶市）招待宋人引見給後白河時，兼實批判為「天魔的行徑」；當內亂擴大到全國規模，清盛罹患熱病而亡後，兼實則記下「該知神罰、冥罰」表達內心不滿。

兼實的批判也針對與平家結親的姪子近衛基通。一一七九年（治承三年）的政變後，兼實之兄基房遭到流放，清盛的女婿基通成為攝關。然而，基通因為年輕且缺乏實務經驗，高倉天皇便找來精通有職故實的兼實討論儀式禮法，而這些本來都是攝關該負責的業務。兼實感嘆，「關白，簡直有跟沒有一樣」，慈圓也很同情兄長，嚴厲批評「自攝關歷史以來最不中用的一任」。

一一八五年（元曆二年）三月，平家在壇之浦滅亡後，萬年任職右大臣的兼實終於時來運轉。賴朝以後白河支持義經出兵為理由介入朝廷人事，以親幕府派人馬鞏固政府高層。兼實一貫中立的態度獲得好評，受指派為審議國政的議奏公卿首席，隔年，他更取代基通受派成為嚮往已久的攝政。

一一九〇年（建久元年），他安排女兒任子進入後鳥羽天皇後宮，希望建立外戚的地位，這卻成了家族沒落的第一步。原因是計劃讓長女大姬入宮的賴朝，這下子開始對兼實敬而遠之。同樣覬覦外戚地位的權大納言源通親利用兩人的不合見縫插針，說動後鳥羽冷落任子。之後兼實也遭罷免，基通重新坐上關白之位（建久七年政變）。

話說回來，兼實的行為似乎也有問題。自視甚高的兼實，據說因認為後鳥羽母親七條院殖子的身分低微，在元旦拜禮上未親自侍奉，讓對方懷恨在心。此後，兼實沒再回到政界，晚年以淨土宗的法然為戒師出家。他為承元法難（專修念佛的打壓事件）中法然遭到流放一事而感嘆，不久後便離世。

以關東申次之職進入朝廷的野心人士

西園寺公經

生卒年 一一七一～一二四四年
父 藤原實宗
母 持明院基家之女
家系 北家閑院流

西園寺家以閑院流藤原公實之子通季為祖。他的曾孫，就是鎌倉前期以關東申次展現極大權力的公經。據說公經的個性剛毅豪放。他以後鳥羽院的親信晉升到大納言，但一二一七年（建保五年）原本可升上嚮往已久的近衛大將，任命卻遭延後，他衝動表示，「既然這樣我乾脆出家吧。還好我與實朝有緣，就算在關東也活得下去。」這番發言讓他受命反省。公經的妻子是源實朝之父賴朝的姪女。

此後，公經與幕府愈來愈親近。一二一九年（承久元年），將軍實朝遭到暗殺，九條道家（兼實之孫））之子三寅（賴經）來到鎌倉成為下一任將軍。當時，不顧後鳥羽的反對，推動東下的就是養育三寅的外祖父公經。這起事件之後，公經與後鳥羽之間的關係變得更差，據說公經感受到生命危險還加強護衛。

一二二一年（承久三年），後鳥羽公布追討執權北條義時的宣旨，爆發承久之亂，公經早一步就派出使者到鎌倉轉達消息。幕府出動十九萬大軍上洛，短短一個月就鎮壓京都。這段期間，公經與嫡子實氏都遭到監禁，京軍的參謀尊長法印試圖謀害其性命，但最後因幕府軍勝利而獲釋，往後得到北條氏極大信任。

亂事之後，公經成為內大臣，不久再成為太政大臣卻立刻辭職。公經擔任與幕府的交涉窗口關東申次，無論官職如何都站在握有實權的地位。一二二八年（安貞二年）他換掉關白近衛實家，讓先前因承久之亂遭到罷免的女婿九條道家恢復職位。就連攝關的人事安排他也能隨心所欲。一二三八年（曆仁元年）趁著將軍九條賴經上洛之際，公經招待攝關家的兩大巨頭，也就是道家與實家到自己的棧敷（看台）中觀賞遊行，向社會大眾宣示自己站在公家社會的頂點。

公經靠著日宋貿易累積財富，在各地都有山莊。其中最豪華的就是以家名命名的京都北山西園寺，這同時也是後來足利義滿打造鹿苑寺金閣的地點。公經的休閒娛樂極盡奢華，一二三一年（寬喜三年）大飢荒之中他還為實氏就任內大臣舉辦慶祝宴會，遭來批判。公經死時，有公卿在日記中記述「朝之蠹害、世之奸臣」。

公經晚年侍奉受幕府擁立的後嵯峨天皇，並安排孫女結子入宮。結子生下的兩名皇子在公經死後以後深草、龜山兩天皇即位。自此，中宮這個地位在整個鎌倉時期幾乎由西園寺家獨占，自實氏之後到幕府滅亡，關東申次也都由這一家族世襲。

九條賴經

遭到執權北條氏擺布的攝家將軍

生卒年　一二一八～一二五六年
父　九條道家
母　西園寺掄子
家系　北家九條家

三代將軍源實朝遭到暗殺後，幕府希望由後鳥羽院的皇子成為下一個將軍人選。然而，後鳥羽表示「這會讓日本在將來一分為二」而反對，後來就改為九條道家之子三寅到鎌倉。三寅的母親是西園寺公經之女掄子，祖母則是源賴朝的妹妹。因為攝關家高貴的血統加上與源氏的關係，就被視為實朝的接班人。一二二五年（嘉祿元年），以尼將軍身分主導政局的北條政子過世後，三寅元服並改名賴經，隔年在他九歲時受任命為征夷大將軍，攝家將軍自此誕生。

話說回來，說是將軍也只是掛個名，幕府的政務由執權北條泰時與連署（副執權），以及有力的家臣組成的評定眾合議決定。賴經不出席評定會議，只被告知決定事項。一二三〇年（寬喜二年），賴經十三歲這一年，迎娶較他年長十六歲的二代將軍賴家之女竹御所為妻。迎娶源氏嫡系的竹御所為正室，目的就是要為作為武家棟梁卻權威不足的賴經彌補其正統性。

隨著賴經成長，逐漸形成一股對得宗家（北條宗家）不滿的核心勢力。一二四二年（仁治三年），執權泰時過世後，繼任的孫子經時積極改革訴訟制度，為了加速審判省略將軍閱覽判決文的步驟。這項改革再次展現幕府的裁判權掌握在執權手中，也讓得宗與將軍的對立浮上檯面。兩年後，賴經接受經時的要求，把將軍一職讓給六歲的嫡子賴嗣。雖然表面上的理由是天有異象，但據說也是為了防止實權轉到賴經手中。然而，賴經在引退之後仍以大殿身分輔佐將軍賴嗣，依舊維持緊張情勢。

一二四六年（寬元四年），經時因病驟逝，弟弟時賴在二十歲成為執權，情勢迅速轉變。時賴以北條一門的名越光時等人與賴經企圖謀反，整肅一群加入圖謀的家臣，並將賴經驅逐到京都（宮騷動事件）。此外，時賴也介入朝廷人事安排，在西園寺公經死後，換掉了當時位高權重的關東申次九條道家。

事情並未就此告一段落，一二四七年（寶治元年），與賴經關係深厚的有力家臣三浦氏在寶治大戰中遭到消滅。五年後，取代九條賴嗣的親幕派後嵯峨天皇的第一皇子宗尊親王就任為第六代將軍，賴嗣遭到放逐京都，攝家將軍在兩代後斷絕。

確立和歌之家地位的天才歌人

藤原定家

生卒年　一一六二～一二四一年
父　藤原俊成
母　美福門院加賀
家系　北家御子左家

御子左家是藤原道長六男長家開啟的家系。四代俊成以和歌第一把交椅之姿，在各地的歌合（詩歌比賽）中擔任判者（判定歌曲優劣的人），並奉後白河院之命主導編纂《千載和歌集》，建立起以幽玄之美為理想的特殊抒情風格。

遺傳俊成甚至才華超越他的就是次子定家。他不到二十歲就以歌人身分活動，即使在源平內亂爆發後，他也表示「與我無關」持續專注於歌道。二十歲時吟詠的《初學百首》，據說完美到讓俊成流下感動的眼淚。二十五歲之後，他出仕父親任職和歌師範的九條家，有機會與西行、慈圓等知名歌人交流，但在一一九六年（建久七年）政變中的九條兼實失勢後，定家的官位升遷也自此停滯。

拯救定家的是和歌的力量。一二〇〇年（正治二年），後鳥羽院要一群歌人吟詠引以為傲的和歌時，定家吟出了「無處勒馬抖落滿袖積雪／佐野渡場觀雪中夕陽」獲得上皇讚不絕口。定家獲准進入內昇殿，受拔擢為隔年新成立的和歌所寄人（負責和歌選拔的人）。一二〇五年（元久二年），定家等人編纂的《新古今和歌集》被稱為與《萬葉集》、《古今和歌集》並列的傑作，迎接稱為新古今時代的和歌黃金時代到來。

成為和歌界第一把交椅的定家，之後也朝著復興王朝和歌的目標，著作自撰集、歌論書，晚年獨自編纂《新敕撰和歌集》。傳說《小倉百人一首》也是定家所編纂。由於俊成、定家這兩代父子的出色表現，社會大眾也將御子左家視為和歌之家。

定家雖是不世出的歌人，但同時也是和其他人一樣希望仕途順遂的官僚。五十歲時，他終於成為嚮往已久的公卿，但這是定家的姊姊健御前向定家在日記《明月記》中以「狂女」怒斥的卿二位（後鳥羽的乳母藤原兼子）請託，才總算獲得的升遷。之後也一樣，每次遇到任命，他就要兒子為家或是熟識的女房探聽朝廷的動向。定家當到生涯最高的正二位權中納言，是在他就任公卿約二十年後的事。不過，由於他的妻子是當權者西園寺公經的姊姊，在經濟上不虞匱乏，晚年定家就把精力都放在抄寫《古今和歌集》、《源氏物語》等古籍上，致力於未來歌學的發展。

另一方面，定家的嫡子為家因為是舅父公經的猶子（形式上的養子），在仕途上平步青雲，二十九歲成為公卿，最後晉升到正二位權大納言。在家業的和歌方面，他受後嵯峨院之命編纂《續後撰和歌集》，建立起低調且融入傳統的中世和歌風格。

在關東地區推廣念佛的淨土真宗之祖

親鸞

生卒年　一一七三～一二六二年
父　日野有範
母　不詳
家系　北家真夏流

日野家是冬嗣之兄真夏的後代，十一世紀中葉，始於資業在日野（京都市伏見區）創建法界寺。資業的曾孫實光成為公卿，子孫以名家（以大納言為最高官職的家系）繁盛，但弟弟有範卻被排除在升官的康莊大道之外，一生都是中階貴族。

淨土真宗祖師親鸞據說就是有範之子。他在九歲出家，於比叡山從身分低微的堂僧開始修行。二十九歲時，他到京都六角堂閉關，在夢中受到聖德太子的指示便成為淨土宗祖師法然的弟子。親鸞相當崇拜法然，他曾說過，「就算被上人矇騙，因為念佛而墮入地獄我也不後悔」。法然也很信任親鸞，特別允許他抄寫提倡專修念佛的《選擇本願念佛集》。兩人之間有很深的感情。

一二〇七年（承元元年），發生了有承元法難之稱的專修念佛打壓事件，法然與一群弟子都遭到流放。流放到越後（新潟縣）的親鸞，在流放期間自稱「愚禿親鸞」，並打出非僧非俗的立場，表示自己「非僧非俗，以禿為姓」。

四年後，獲赦免的親鸞在一二一四年（建保二年）與妻子惠信尼和幾個兒子一起移居常陸。不清楚他選擇該地的理由，但也有一說是受到曾為法然弟子的下野家臣宇都宮賴綱以及其族人的邀請。此後二十年間，親鸞便留在常陸，以笠間（茨城縣笠間市）的稻田草庵（現在的西念寺）為據點，致力於傳教活動。

當時，東國的武士及百姓信仰的是藉由加持祈禱作物豐收、身體健康的咒術。親鸞對這些人傳布，信仰阿彌陀佛是拯救人們唯一之道。尤其他提出「惡人正機說」，表示愈是惡人愈能獲得阿彌陀佛發自本願的救贖，這點緊緊抓住了以殺生為業的武士心理。

透過在關東地區傳教活動，在念佛意義、他力本願上獲得確信的親鸞，於一二三四（文曆元年）左右返回京都後，著作《教行信証》。內容是在參考國內外經典、解說書之後，將自己念佛、往生的思想進一步歸納出具體的系統，成為淨土真宗的根本聖典。此外，親鸞死後由於異端教徒增加，河和田（水戸市）的唯圓為了推廣正統的教義而著作《歎異抄》，以更加簡單易懂的方式來推廣這派思想。

之後，親鸞的小女兒覺信尼之孫覺如，將親鸞的大谷廟堂改建為寺院，創建了本願寺。到了第八世蓮如的時期，進一步組織為大規模的教團，成長到足以威脅戰國大名的政治勢力。

京極為兼

支持持明院統兩度遭到流放的歌人

生卒年　一二五四～一三三二年
父　京極為教
母　三善雅衡之女
家系　北家御子左家

御子左家在藤原為家死後，其子為氏、為教、為相分別起了二條、京極、冷泉各家，為了爭奪和歌第一把交椅的地位而激烈鬥爭。其中宗家的二條家與冷泉家之間更為了莊園領有相爭。著名的《十六夜日記》就是記錄冷泉為相之母阿佛尼為了向幕府訴求解決領地紛爭，前往鎌倉途中的紀行文。

聽說京極為教並不擅長和歌。他對於敕撰集中只選錄自己數首作品感到不滿，向龜山院抱怨時卻換來「無禮」的斥責，最後留下怨恨之歌後病死。

相對地，為教的嫡子為兼自小受到祖父為家的菁英教育，很早就發揮了他的才華，還受到花園上皇稱讚擁有「出類拔萃的才能」。作為官僚，他的仕途也相當順遂。因為外祖父三善雅衡侍奉西園寺家的緣故，他獲得關東申次西園寺實兼的推薦，成為後深草天皇的皇子熙仁親王（伏見天皇）的侍從。在熱愛詩歌、管弦、蹴鞠等文化、才藝的熙仁御所中，逐漸形成青年貴族的文藝沙龍，而為兼就是其中的核心成員。

當時，宮廷裡有後深草院的持明院統與龜山院的大覺寺統爭奪皇統。起初因為兩人的母親大宮院姞子的意願，讓龜山成為治天之君，但持明院統獲得實兼的支援而翻轉逆勢，為兼侍奉的熙仁成為大覺寺統後宇多天皇的皇太子。由於苦於因應蒙古攻擊之際，幕府不希望朝廷陷入困亂，在態度曖昧不明之下導致兩統並存的結果。一二八七年（弘安十年），在兼實的要求下伏見天皇即位，親信為兼也成為公卿，幾年之後晉升到正二位權中納言。伏見對為兼有絕對的信任，並盛讚他「盡無二之志、勤勉忠誠之人」。

然而，一二九八年（永仁六年）為兼卻突如其來遭到流放佐渡。真正原因不明，但據說背後的理由是伏見與為兼對執權北條貞時帶有批判的態度。

話雖如此，為兼的運勢並非至此走盡，幾年後他獲得赦免，一三〇八年（延慶元年）花園天皇即位，其父伏見主導的院政展開後，為兼便回歸政界成為權大納言。至於和歌方面，他排除了二條為世與冷泉為相，成為《玉葉和歌集》唯一的撰者，站上歌壇的頂點。一三一三年（正和二年），他和伏見院出家後權勢依舊不減，眾公家仍如同家臣一般服從。但這樣的行為卻引來西園寺實兼的不悅，一三一六年（正和五年），為兼再次遭到流放，京極家就此斷後，這是身為一名歌人過於涉入政治的悲哀結局。

熱衷男男戀的藤原氏

日本的男色（男同性戀）自古代到前近代盛行於貴族、僧侶、武士等各個不同階層，而具體出現於貴族日記之中則是從平安時代開始。

賢人右府實資在七十三歲時，曾在《小右記》中記述他的夢。藤原賴通與實資在清涼殿的東廂中，兩人連烏帽子也沒戴，擁抱著睡在一起時，實資的玉莖（性器官）變得像木棍一樣，正當他感到難為情時才發現原來是夢一場。他並記下，「這難道是大大之喜？」實資會把這當作是吉兆之夢也挺有趣。

到了院政時期，作為升官的途徑以及強化主從關係的手段，男同性戀變得更加蓬勃。尤其是惡左府賴長的對象從院近臣、源義賢等武士、身分低微的隨身（護衛官）甚至到舞者，階層相當廣泛。他與義賢首次發生關係時曾寫下一句耐人尋味的話，「縱然無禮卻別有一番風味」。此外，平治之亂的信賴、鹿谷事件的成親、攝關家的近衛基通等人都是後白河院的對象。基通雖然是平清盛的女婿，卻沒有隨著平家離開都城，而是倚賴後白河逃回京都。或許九條兼實對於基通因為法皇的「愛念」保住攝政地位感到不滿，在日記中還諷刺記下，「君臣合體之儀發揮到淋漓盡致」。

第五章——撐過動亂時代的藤原氏

南北朝到戰國時代

鎌倉幕府的滅亡與建武新政之挫敗

十三世紀中葉之後，皇統分裂為後深草院的持明院統以及龜山院的大覺寺統，爭奪皇位與治天之君的地位。由於鎌倉幕府承認兩統的正統性，以兩統迭立為原則，也就是輪流繼承皇位，使得分裂成為必然，對立也愈演愈烈。而試圖為這場鬥爭劃下休止符的就是大覺寺統的後醍醐天皇。一三三一年（元弘元年），後醍醐獲得楠木正成的助力，於笠置山舉兵。雖然一度遭捕被流放到隱岐（元弘之變），但有力的家臣足利尊氏、新田義貞等陸續出兵，終於在一三三三年（元弘三年）鎌倉幕府滅亡。

後醍醐以「公家一統」（以公家為主的政治）為號召，著手政治改革，是謂建武新政。他標榜要回歸延喜、天曆時代，除了廢止院政與攝關，也否定平安末期開始的官職世襲，過去由四位階級的中階貴族擔任的八省長官，改任命包含大臣在內的公卿擔任。

然而，這些無視前例的改革，不僅有對於賞賜或領地裁判抱持不滿的武士，也招致傳統貴族的反彈，被批評是「瘋狂的行徑」。

在這樣的狀況下，從奧州、關東、畿內到九州，全國各地接二連三爆發擁立北條氏遺臣的亂事，也有像西園寺公宗這類在公家之中策劃顛覆政權的人出現。一三三五年（建武二年），倒幕最大功臣足利尊氏在鎌倉起兵。他與持明院統的光嚴上皇聯手，獲得對抗後醍醐的正當性，隔年便大敗楠木正成、新田義貞，壓制京都。接下來安排光明天皇（光嚴之弟）即位，制訂「建武式目」[17]並成立室町幕府。

另一方面，後醍醐也逃到吉野（奈良縣吉野町）主張一己的正統性，因此朝廷成了京都的北朝（持明院統）與吉野南朝（大覺寺統）並立。動亂持續到一三九二年（明德三年），直到第三代將軍足利義滿統一南北朝才結束。

17　編注：室町幕府的施政方針。

權力遭將軍吞噬的朝廷與公家

南北朝動亂升高的期間，各地莊園遭到侵略，武士年貢有一半被徵收當作兵糧的「半濟」也公然執行，以藤原氏為主的公家眾生活變得很貧乏。

此外，京都因為幕府成立，朝廷遭到將軍權力吞噬，公家表現得像是將軍的家臣。在建立起室町幕府最盛時期的足利義滿在位時，為了獲得希望的官職或是領地的平安，傾全家之力服務義滿的公家也不在少數。據說甚至有人把自己的妻子獻給義滿為妾。攝關的人事也全依照將軍的想法，攝關家的御曹司[18]也會獲得將軍賜予偏諱（賜與名字裡的一個字）。這也象徵了攝關成了將軍家從屬的立場。

即使如此，將軍家仍未將其取代的原因是進行朝廷儀式時，還是需要攝關家傳授禮法與典故。當代數一數二的博學者關白二條良基，以公家社會師範的身分輔佐將軍義滿，另一方面他以幕府的權力、財力為後盾，推動朝廷的公事復興。第四代將軍足利義持也與關白一條經嗣一起侍奉天皇的大嘗會[19]。雖與關白一同行動，但實際上包括改年號、院號宣下、讓位等推動朝廷的各項手續，都是交給精通政務的攝關來負責。

義滿將中階貴族組織為將軍家的家司（司掌上階貴族家政的職員）。這個關係發展到八代將軍足利義政的時代，形成的就是同時隸屬於將軍家與朝廷的武家昵近公家眾（親近武家的公家集團）。這些人出仕將軍御所，從作為武家與朝廷溝通的橋梁，到有些人侍奉將軍外出，甚至從軍到戰場。例如日野家及其旁系廣橋、烏丸家，閑院流的正親町三條家、花山院流的飛鳥井家、長良流的高倉家等，代代都以昵近眾的身分侍奉將軍。室町時代之後，成為制度的武家傳奏（朝廷與幕府的聯絡人）基本上也都是從昵近眾之中挑選。

由中階貴族組成的「禁裏小番眾」（保護天皇及皇居的安全護衛組織）也是在這個時期逐漸成形。這個制度分成負責宮廷內部護衛的「內內番眾」，以及宮廷外部和皇居周邊警備的「外樣番眾」，每天輪流且人員駐守於皇居內。戰國時代小番眾還負責對天皇的聯絡，扮演協助天皇施政的角色。

另一方面，也有因與幕府締結特殊關係而有顯著發展的藤原氏。勸修寺流的上杉憲房因為妹妹清子是足利尊氏、直義兄弟的母親，子孫成為鎌倉公方（統掌關東的鎌倉府

18 譯注：貴族家的子弟。
19 編注：天皇即位後舉行的儀式。

長官）的輔佐者，也就是關東管領，在東國享有權勢。此外，日野家在義滿之後，出了許多歷代將軍的正室，享盡權勢。足利義政的正室日野富子就是其中一人。

善用家業得以存活的藤原氏

十五世紀末，前後長達十一年的應仁之亂導致京都荒廢，多位大名割據地方的戰國時代來臨後，加速了京都的衰敗與公家貧困。在室町幕府尚有餘力時，朝廷雖然喪失權力，仍能在幕府財政支援下進行祭祀、公事等活動。但在應仁之亂以後，幕府逐漸衰弱，包括敘位、除目等重要活動，以及國家級的祭祀、天皇輪替的儀式等，都停止或被迫縮小規模。

公家的生活變得更苦，據說戰國初期二條家的宅邸屋頂破損，可以直接看到天空，藤棚倒塌枝條散落，連跨越護城河的橋也沒有。此外，過去年初前往將軍家道賀時，攝關家、清華家（西園寺、德大寺等繼承攝家的家格）各自都搭乘牛車，但這個時期只能使用簡陋的轎子。

然而，包括藤原氏在內的公家，在這樣的逆境之中也能藉由傳承自祖先的教養與技術撐過。室町時代的關白一條兼良，對公家、武家進行古籍、有職故實的講解，以及儀式指導等；戰國初期的三條西實隆則以增删和歌、連歌以及判定歌合、抄寫古籍等作為收入來源。花山院流的飛鳥井雅綱，造訪尾張（愛知縣）的織田信秀，指導家傳的蹴鞠，獲得龐大的授課費。御子左家的冷泉為和也投靠駿河（靜岡縣）的今川氏傳授歌道。對戰國大名來說，要和諸大名與家臣平起平坐，也需要具備高度的文化素養，而藤原氏累積的公家文化就能讓他們保持一定的地位。

至於無法光靠家業、教養生存的人，比方像九條政基就親自前往領地，徵收年貢。此外，土佐（高知縣）的一條家、伊予（愛媛縣）的西園寺家、飛驒（岐阜縣）的姉小路家等，也有這些深耕地方後成為戰國大名的公家。另一方面，就像西園寺家的庶系洞院家，雖為清華家卻無法維持領地而滅絕。

因為織田信長的出現，終於讓戰國時代走向終點。信長打出保護朝廷與公家的方針，在一五七五年（天正三年）首先給予近衛前久三百石，針對公家、寺社實施知行宛行[20]，試圖穩定公武關係。對此，公家當然認為是德政，相當歡迎。豐臣秀吉後來也延

20 譯注：封地的收入及管理權分配的制度。

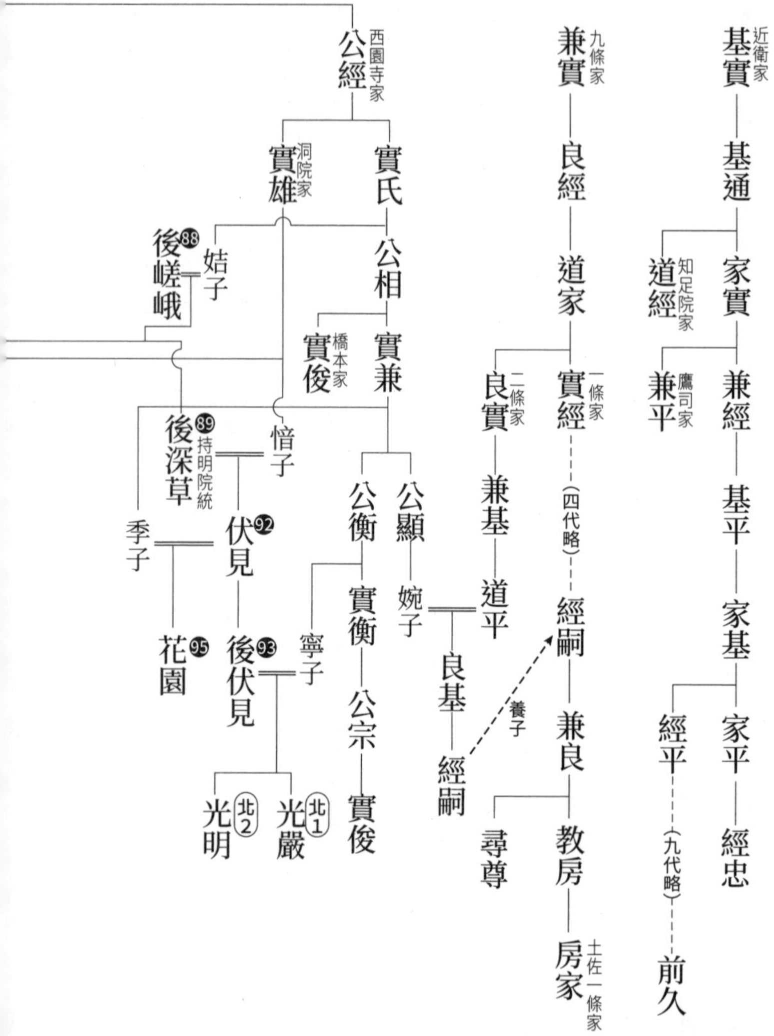
近衛家
基實
基通
家實
知足院家
道經
兼經
鷹司家
兼平
基平
家基
家平
經平
（九代略）
前久
經忠
九條家
兼實
良經
道家
一條家
實經
（四代略）
經嗣
兼良
教房
房家
土佐一條家
尋尊
二條家
良實
兼基
道平
良基
經嗣
養子
西園寺家
公經
實氏
公相
實兼
公顯
婉子
公衡
實衡
公宗
實俊
寧子
橋本家
實俊
洞院家
實雄
姞子
88
後嵯峨
愔子
89
後深草
持明院統
92
伏見
93
後伏見
北1
光嚴
北2
光明
季子
95
花園

藤原氏譜系略圖⑤

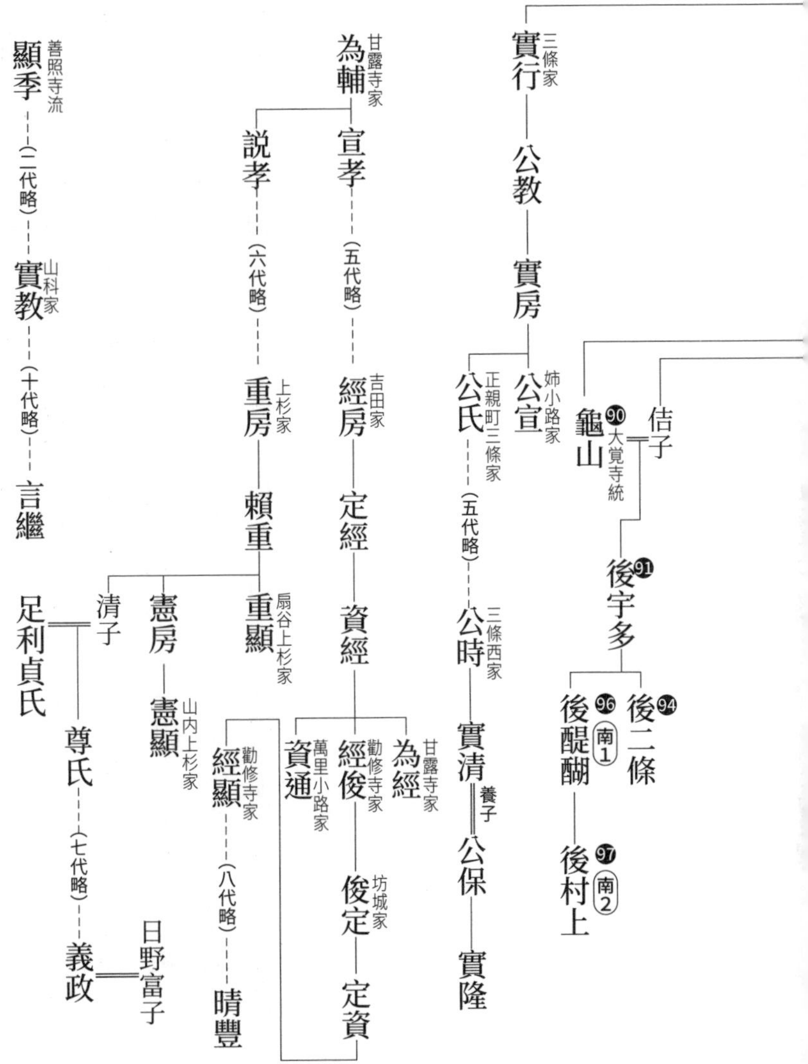

※圓圈內的數字是根據「皇統譜」的天皇代數

續這項政策，針對公家執行過兩次知行宛行。有了秀吉的支持，朝廷的儀式、活動得以整頓。天皇和支持的公家權威也隨之提高。

另一方面，秀吉建立起嶄新的武家政權，而他希望就任關白而非將軍，對攝關家的人帶來重大打擊。原先覬覦關白大位的近衛信尹抗議，「從來沒有五攝家以外的人成為關白。」然而，秀吉終究成為信尹之父前久的猶子，成功就任關白。接著祭出受天皇委任控制國土的理論，利用朝廷的權威實現天下統一的野心。在秀吉之後，關白一職傳給他的外甥秀次，但因為豐臣家滅亡致使武家關白只維持兩代即告終，以時代曇花之姿結束短暫的使命。

企圖刺殺後醍醐天皇的最後一任關東申次

西園寺公宗

生卒年 一三〇九～一三三五年
父 西園寺實衡
母 二條為世之女
家系 北家閑院流

公宗是實衡之子，接續父親在十八歲就任關東申次。後醍醐天皇流放到隱岐後，公宗在幕府擁立的光嚴天皇下受到重用，但隨著幕府滅亡他也失去了權勢。然而，公宗卻不因此放棄，反倒為了重返政界而擬定大膽的計畫。一三三五年（建武二年）六月，他與北條遺臣聯手試圖暗殺天皇。計劃邀請後醍醐到北山的山莊，並在浴室中殺害後，擁立持明院統的後伏見法皇。接下來以得宗北條高時之弟時興為京都大將，並立高時的遺孤時行為東國大將、名越時兼為北陸大將，各路人馬同時發兵。公宗本人則透過潛伏於京都的時興和分散各地的北條遺臣聯繫。

然而，這項計畫卻因為公宗之弟公重的告發而洩漏。後醍醐為了防止遭到反叛勢力的利用，控制了後伏見、光嚴院等持明院統的上皇人身安全，並逮捕公宗與其妻一族的日野資名、氏光父子。公宗被處斬首，接班的公重也隨著南朝沒落。北朝成立後，公宗年幼的遺孤實俊繼承宗家，傳承名門西園寺的家名。

近衛經忠

企圖發動藤氏一揆，奪取天下的策士

生卒年 一三〇二～一三五二年
父 近衛家平
母 不詳（家中女房）
家系 北家近衛家

經忠成為關白的一三三〇年（元德二年），近衛家分裂為二。前關白家基選了兩個孩子之中，皇女生下的次子經平為家督，但長子家平無視遺命，仍立自己的兒子經忠為家督。此後，經忠便與經平之子基嗣爭奪近衛家家督之位。

北朝成立之後，經忠獲任關白，但沒過多久他就因為仰慕後醍醐而投奔到吉野。到了一三四一年（曆應四年）才返回京都，但只獲授與簡陋的住所以及兩處領地。後悔回京的經忠想到了一個計畫。他組織了秀鄉流藤原氏的小山、結城氏，以及自稱粟田關白道兼後代的小田氏等藤原姓的東國武士，成為「藤氏一揆」，以小山朝鄉為坂東管領，由經忠取得天下。雖然看起來是荒誕無稽的計畫，但據說真正的目的是身為南朝和平派的經忠，要排除在東國活動的主戰派北畠親房。隨著北朝向南朝臣服（史稱正平一統），經忠暫時坐回家督大位，但之後受到幕府反擊退至賀名生（奈良縣五條市），最後在該地離世。

身為唯一的女性治天之君重建北朝

廣義門院寧子

生卒年　一二九二～一三五七年
父　西園寺公衡
母　藤原兼子
家系　北家閑院流西園寺家

南北朝動亂長時間持續有個很大的原因，就是在這段時間幕府不斷發生內鬥，而每次內鬥就會有人投降南朝。一三五一年（觀應二年），將軍足利尊氏為了與自己對立的弟弟直義一較高下，暫時與南朝和睦相處。北朝的崇光天皇被廢除，並將年號統一為南朝的正平（正平一統）。然而，尊氏打到直義之後統一再次破局，南朝勢力遭到尊氏之子義詮趕出京都。

這時，北朝面臨存亡的危機。南朝軍在離開京都時，一起帶走了北朝的光嚴、光明、崇光三位上皇及皇太子直仁親王，這代表具有天皇任命權的治天之君與皇太子同時都不在京都。尊氏好不容易找到了在南朝軍搜索中逃離的光嚴第三皇子彌仁王，並加以擁立，但問題缺少能主持踐祚（登上皇位）儀式的治天之君。於是，幕府推出了彌仁的祖母寧子這個人選。

寧子是關東申次西園寺公衡的女兒。一三〇六年（嘉元四年）進入持明院統的後伏見上皇後宮，成為其弟花園天皇的准母（代理母親），獲賜廣義門院的院號。生下光嚴、光明兩天皇，加上一三四八年（貞和四年）孫子崇光天皇即位，寧子身為治天之君的母親、天皇祖母，充滿威望，但就在此時爆發了前面敘述的三上皇綁架事件。

幕府希望藉由寧子的幫助來決定出新天皇，也就是她以治天之君的身分發出詔宣，召告將皇位由崇光傳承給彌仁。然而，寧子對於捨棄自己兒子與孫兒的足利義詮懷恨在心，斷然拒絕。幕府多次派遣佐佐木道譽等數名使者懇求，終於在大約兩週後寧子才同意。

自此之後，因為有寧子的令旨（命令書），得以實現關白二條良基的政務回歸、天台座主（比睿山延曆寺住持）的任命、南朝年號正平改為觀應，以及彌仁即位為後光嚴天皇。換句話說，三上皇遭到綁架之後停滯的許多重要案件都得以陸續解決。

綜觀歷史，身為女性代理執行治天之君權限的只有寧子一人，這也可說是武家不受前例的框架限制，發揮能屈能伸的特質。之後，寧子更參與了決定傳奏（武家與朝廷的聯繫窗口）人選、處理天皇家領等業務，等於實質上以治天之君身分處理朝廷政務。即使在一三五三年（文和二年）將政務讓給後光嚴之後，寧子仍以天皇家家長之姿治理廣大的天皇家領莊園。晚年更讓三上皇成功返回京都。

奠定關東管領上杉氏的基礎

上杉憲顯

生卒年 一三〇六～一三六八年
父 上杉憲房
母 不詳
家系 北家勸修寺流

上杉氏在室町、戰國時期作為關東管領，是輔佐鎌倉公方的武家名門。這支勸修寺流藤原氏的庶系，原本是侍奉四條家的家司，屬於下階貴族。一二五二年（建長四年），據說起始是藤原重房跟隨成為六代將軍的宗尊親王下到鎌倉，以領地丹波上杉莊（京都府綾部市）作為家名。重房之女嫁給足利賴氏，生下家時，嫡子賴重也迎娶足利家女性為妻，生下憲房與清子。而清子嫁給足利家時之子貞氏，生下尊氏、直義，之後就成了上杉氏地位提升的契機。

尊氏繼承家督後，上杉氏受到足利一門以及譜代重臣高氏的重用。在元弘之變中，憲房建議尊氏脫離幕府，憲房養子重能則前往伯耆（鳥取縣）船上山，得到後醍醐討伐幕府的綸旨，傾家族之力支持出兵。建武新政開始後，直義擁立後醍醐天皇的皇子，設置鎌倉將軍府（建武政權的關東分支機構），包括憲房之子憲顯、重能等上杉一族多名成員都獲任親王護衛職務，也就是關東廂番。

其中受到直義重用的就是憲顯。尊氏表態反對後醍醐之後，憲顯就隸屬直義的部隊，並取代在京都四條河原一戰中戰死的憲房，繼承家督一位。他在室町幕府中兼任上野守護、越後守護，從關東跨越到北陸，打下上杉氏的發展基礎。一三三八年（曆應元年），取代足利一門的斯波家長成為關東執事（關東管領），輔佐鎌倉公方足利義詮、基氏兄弟。憲顯的子孫稱作山內上杉氏，成為上杉氏最大的勢力。另一方面，憲顯的堂弟上杉朝定擔任丹後守護，後繼的顯定為扇谷上杉氏之祖，而憲顯戰死的弟弟憲藤之子朝房、朝宗，這一系後來就稱為犬懸上杉氏。

一三五〇年（觀應元年），幕府出現內亂（觀應之亂），直義派的憲顯與尊氏敵對，關東執事與守護職都遭到拔除。直義死後，憲顯遭流放至信濃（長野縣），還曾經短暫加入南朝與尊氏對戰。在這段期間，關東管領職由足利一門的畠山氏、高氏接任，但基於義詮、基氏對憲顯深厚的信任，在尊氏死後，憲顯又恢復了關東管領與上野、越後守護的職位。自此之後，整個室町時代幾乎都由山內上杉氏獨占關東管領職。

然而，進入戰國時代後受到新興勢力後北條氏的壓迫而逐漸式微，扇谷上杉氏在河越城一戰後落敗滅亡。山內上杉憲政投靠越後守護代的長尾景虎（上杉謙信），將上杉氏的名號與關東管領職讓給景虎後出家。名門山內上杉氏就此滅絕。

以足利義滿公事師範之姿推動朝儀復興

二條良基

生卒年　一三二〇～一三八八年
父　二條道平
母　西園寺婉子
家系　北家二條家

二條良基是二條道平之子，道平就是後醍醐天皇在出兵之前的關白。良基年輕時和父親一同侍奉後醍醐，因此也繼承了復興朝廷公事的意志。然而，良基並未跟從轉往吉野的後醍醐，而在一三四六年（貞和二年）就任北朝的關白。自此之後，他就利用幕府的力量將熱情投注在復興公事上。

處於動亂的時代，要保住地位並不容易。正平一統時，因為幕府的考量將關白一職取消。後來因為廣義門院寧子下令恢復，但兩年後，一三五三年（文和二年），南朝與和幕府敵對的足利直冬（尊氏的庶子）聯手拿下京都，不但二條家的家督地位被奪走，代代相傳的日記及領地證明也被沒收，良基便一病不起。然而，逃到美濃（岐阜縣）避難的後光嚴天皇說，良基與近衛基嗣、道嗣父子之中誰先到就能成為關白，聽到這個傳聞，良基雖然抱怨「關白居然出了不破關，簡直前所未見」，仍連忙前往，終究保住關白一職。之後，南朝逐漸衰弱，加上良基在後光嚴之下建立長期政權，其權勢受到的評價是「公家政務幾乎都在其掌握中」。

良基精通有職故實、和歌、文學，是當代首屈一指的文化人。他編纂了《菟玖波集》，集結了在室町、戰國時期興盛的連歌，並留下多部歌論書。他也主辦以年中活動或禮儀為主題的吟歌大會「年中行事歌合」，作為復興公事的一環。

良基在後光嚴主辦的歌會中招待足利義詮，刻意想拉攏武家進入宮廷社會。而積極回應這項舉動的是三代將軍足利義滿。一三六九年（應安二年），在十二歲時成為將軍的義滿，於公家社會中也迅速晉升，二十五歲就成了從一位左大臣。

這段期間，作為義滿的指導者，教導他在宮廷社會中貴族言行舉止的就是良基。義滿二十歲之後成為權大納言，經常走訪良基宅邸，接受包括宮廷社會禮儀、和歌、連歌、管弦等成為一流貴族需要的訓練。良基被稱為「扶植大樹之人（將軍之師）」，但他真正的目的是要利用將軍的權力來復興朝廷。換句話說，良基在將軍公事師範這項任務中，找出了攝關家新的存在意義。

藉由義滿的朝廷改革，包括後圓融天皇的大嘗會在內，朝廷禮儀、祭祀復興等事項都得以推動。此外，透過良基的指導，將軍家在公家的禮法上獲得比擬攝關家的權威，也可說是成了日後重新確立朝廷政務流程的契機。

作為幕政政治顧問促成抽籤將軍

三寶院滿濟

生卒年　一三七八～一四三五年
父　今小路基冬
母　出雲路禪尼
家系　北家二條家

滿濟是二條家分家今小路基冬之子，十八歲時成為三寶院門跡・醍醐寺座主。三寶院是管理全山的座主所居住的坊院，以攝關家旁系而言是罕見的一次提拔，但據說滿濟的兄長師冬之妻服侍足利義滿正室日野業子，因為這段淵源，讓他成為義滿的猶子。

義滿死後，接班的四代義持因為反省父親的獨裁政治，決定由有力守護組成的重臣會議來裁決政務。會議進行的方式是由多位重臣回答將軍的諮問，但最後負責協調雙方的則是滿濟。然而，這不僅是單純傳達訊息，有時候滿濟本身也會自行提出調停案，或是重新召開重臣會議。義持死後，提議以抽籤方式選出下任將軍的也是滿濟。結果就是義持之弟義教成了六代將軍。也有一說認為這是為了讓聰明且果斷的義教成為將軍，而私下安排的暗盤，但真相如何則不得而知。

雖被評為在幕後施展影響力的「黑衣宰相」，滿濟在政界仍貫徹中立調停者立場，有「天下義者」之稱。日後採行恐怖政治的義教，在滿濟在世時也較少出現荒誕行徑。

撐過亂世的中世紀首席大學者

一條兼良

生卒年 一四〇二～一四八一年
父 一條經嗣
母 東坊城秀長之女
家系 北家一條家

兼良的父親是曾三度擔任關白的一條經嗣，祖父則是足利義滿的師範二條良基。以優良血統來說可算政界數一數二，但兼良的仕途卻不順遂，在足利義教側室日野重子的美言下成為關白時，他已經四十六歲。在這段不得志的時代，他便精進學問、和歌，以文人之姿提高名聲。

應仁之亂發生後，他曾短暫投靠兒子尋尊逃到奈良，但兼良號稱「天下無雙的人才」，不斷有來自武家、寺社委託他開設古籍、有職故實的課程，或是和歌修改等，也會應大名的邀請前往地方，以學者的聲望來維生。話雖如此，仍不足以維持作為攝關的格局，一四七九年（文明十一年），兼良拖著老邁身體走訪越前的朝倉孝景獲得資金援助，但也有廷臣譴責這是「末代的恥辱」。晚年他作為九代將軍足利義尚之師，著有《樵談治要》傳授帝王學。然而，內容不脫理想論，對義尚帶有批判的尋尊曾諷刺表示，「這就像對牛彈琴」。看來，一代博學大師仍舊無法培養出能力挽狂瀾的幕府將軍。

一條教房

成為土佐一條家之祖的前關白

生卒年	一四二三～一四八〇年
父	一條兼良
母	中御門宣俊之女
家系	北家一條家

戰國時代，統治土佐西部的土佐一條家，就是以一條兼良嫡子教房為祖的名門。教房從一四五八年（長祿二年）起擔任大約五年的關白，但應仁之亂爆發後，比父親兼良提前一步到了奈良避難，隔年一四六八年（應仁二年），又到了領地土佐幡多莊（高知縣四萬十市）。教房直接管理作為一條家經濟基礎的該莊，並確實徵收年貢，同時與長子政房掌管的攝津福原莊（神戶市）合作掌握了海上交通路線，據說目的就是以土佐優質木材作為產品，提升對明貿易獲得的利益。

教房死後，次子房家原先預定上洛，但因為內亂而無法離開領地，後來就深耕在地成立了土佐一條家。據說背後的原因是本家希望確保該莊的年貢，以及地方望族希望為在地紛爭找到調停者。自此之後，土佐一條家受到朝廷比照攝關家的待遇，且得與京都公家交流，另一方面，深耕在地勢力拓廣統治範圍，領地更擴大到土佐半國。然而到了房家的曾孫兼定時，受到毛利氏的進攻逐漸衰弱，最後遭長宗我部元親所滅。

於戰亂的奈良留下詳細的日記

大乘院尋尊

生卒年 一四三〇～一五〇八年
父 一條兼良
母 中御門宣俊之女
家系 北家一條家

大乘院是奈良福興寺院家（由貴族子弟為主人的坊舍）之一，自平安後期代代都由攝關家的子弟擔任院主。尋尊為一條兼良之子，一四三八年（永享十年），取代觸怒足利義教遭到罷免的經覺（關白九條經教之子），在九歲時成為院主。

大乘院的經營相當艱難。除了大和國內不斷發生武力抗爭外，加上經覺對一條家並不友善，不允許尋尊查看經覺的日記，而這些日記的內容也包括了寺務與莊園的紀錄，以致原本由前院主傳授的知識與流程，尋尊都得自行摸索學習。據說這份經驗也成了動機，讓他留下《大乘院寺社雜事記》這部詳細的日記。

應仁之亂爆發後，相對於經覺為了守護興福寺莊園與武家聯手，尋尊則選擇與戰亂保持距離。然而，一四七三年（文明五年）經覺過世後，尋尊辦理他的喪禮，還為經覺處理了債務以保存領地。雖然有人批評尋尊面對戰亂似乎事不關己，但他仍用自己的方式持續戰鬥，保住門跡。

日野富子

為應仁大亂劃下休止符的女中豪傑

生卒年 一四四〇～一四九六年
父 日野重政
母 北小路苗子
家系 北家真夏流日野家

足利家與日野家的關係，自三代義滿迎娶日野時光之女業子為正室時開始。為兩人牽線的是與二條良基一同支持義滿進軍宮廷的業子叔母宣子（父親為資名）。自此之後，歷代將軍都娶日野家女子為妻，締結了多重的姻親關係。

日野富子與八代將軍足利義政結婚是在一四五五年（康正元年），四年後雖然懷有一男卻產下死嬰，據說是受到以義政乳母之姿享盡權勢的今參局所詛咒，導致今參局被迫自殺。有一說這是由義政之母日野重子或是富子下達的指示，而重子等人的目的就是要阻止今參局介入政務。

日後，夫妻倆膝下仍舊無子，義政便將弟弟義視收為養子，豈料沒多久嫡子義尚就出生了。一般而言，這常被視為後來應仁之亂爆發的原因之一。富子希望義尚能接任將軍，為了排除義視而與山名宗全聯手，而身為義視輔佐者的管領細川勝元與宗全對立下，招致此一亂事。這是富子被當作惡女的理由之一，但義視的妻子是富子之妹，兩人的感情並不差。大亂爆發的主要原因，是勝元與宗全介入了畠山氏的家督爭奪戰，而亂事之所以會拖得那麼長，全是因為將軍義政缺乏領導力。反倒是在勝元和宗全死後，主導終戰的是富子，而亂事終結的關鍵，也就是大內政弘退出，靠的也是富子從中斡旋。

另一方面，據說富子在大亂中以高利息借貸給因軍事費用所苦的兩軍大名，還靠囤積白米獲利。亂事之後她以修繕皇宮的名目在京都七處關口設置關所，徵收通行費。這些全都成了富子的收入，憤怒的民眾發起德政一揆，富子則用盡全力鎮壓。像這種不顧他人想法、我行我素累積的財富，也讓富子的惡女形象深植人心。然而，當時幕府在貨幣經濟滲透之下透過經濟活動來擴大收益，也可以解釋為富子的獲利是幕府財政結構轉換的一種方式。

亂事之後，富子代替沉迷於東山山莊酒色生活的義政執政，掌握實權。義尚在二十五歲死後，雖然立了妹妹生下的義視之子義材將軍，義材父子卻與掌握權勢的富子敵對。為此，富子在一四九三年（明應二年）與管領細川政元策劃趁著義材出征期間，擁立義政的外甥義澄為十一代將軍（明應政變）。因為管領下剋上廢除將軍，導致幕府無可挽回地衰退，接著戰國時代正式到來。而富子在三年後身亡。

親自到地方上經營莊園的前任關白

九條政基

生卒年	一四四五～一五一六年
父	九條滿家
母	唐橋在豐之女
家系	北家九條家

前關白九條政基是在一五〇一年（文龜元年）下到領地日根莊（大阪府泉佐野市）。五年前，政基引發了一起大事件。當時管理日根莊的家司盜領年貢，還誹謗中傷質問他的政基。政基與嫡子尚經聯手殺害家司，父子都遭停止出仕。尚經後來獲得赦免，政基則以隱居的名義到了日根莊。他藉由這個機會自行管理領地，得以保住過去遭到守護、土豪侵略而短缺的年貢。

政基掌管村落也是經過一連串的辛勞。他為了徵收年貢而拘禁村民，導致村民逃散並與他對抗。此外，領地連續受到蟲害、乾旱、洪水等災害。他的努力沒有獲得回報，該莊最後落在在地勢力擴張的根來寺管理之下，政基在一五〇四年（永正元年）返回京都。

政基讓次子澄之成為管領細川政元的養子。有人認為，這是藉由規劃與細川家結合而達成公武一體的政權。然而，一五〇七年（永元四年）澄之在細川家的家督爭奪戰中落敗而自殺。另一方面，政基自己也與兒子尚經對立，甚至引發戰爭，總之到了晚年仍爭執不斷。

以學識之力立足的戰國首屈一指文化人

三條西實隆

生卒年　一四五五～一五三七年
父　三條西公保
母　甘露寺房長之女
家系　北家閑院流正親町三條家

戰國時代的公家社會中，有些公卿下到地方上討生計，另一方面也有憑藉優秀的學識與名聲在京都過一生的貴族，後者的代表就是三條西實隆。他出身閑院流名門，二十三歲成為公卿，晉升到內大臣。三條西家的經濟基礎是來自畿內周邊的莊園、魚市以及渡船場的上納金，但收入並不穩定，還經常積欠佛事的費用。相對地，實隆會收到一些需要教授和歌、學問的委託，具體內容像是《源氏物語》這類古籍的抄寫或講解，以及修改和歌、連歌，或是判定歌合等等，委託人除了京都的公家、將軍家之外，還會有今川、大內氏這些地方大名或武士。尤其能登（石川縣）的畠山義總是實隆重要的支持者，他也援助了三條西家屋舍的修繕。

促成實隆聲名大噪的是他向連歌師宗祇學習古今傳授（傳達《古今和歌集》的解釋）。實隆之後傳授後奈良天皇，而他的嫡子公條傳授給正親町天皇，讓三條西家成為兩代天皇的歌道師範，也確立了家族在歌壇最高權威的地位。

以廣大人脈支持逐漸走下坡的朝廷

山科言繼

生卒年　一五〇七～一五七九年
父　山科言綱
母　法印亮快之女
家系　北家魚名流四條家

山科家是四條家的支系，代代世襲負責調度天皇家裝束、飲食等職務的內藏頭，以及司掌天皇餐飲、節會酒餚的御廚子所別當等職務。歷代家主都會留下日記，其中又以《言繼卿記》裡記述足利義輝的暗殺、幕府內亂、織田信長上洛、延曆寺燒毀等內容，是知曉戰國末期畿內情勢的著名一級史料。由於言繼善於社交，為人靈活，擁有廣大的人脈，在他的日記中會看到他與包括織田信秀、武田信虎、足利義昭、木下藤吉郎、連歌師里村紹巴、繪師狩野永德等這些代表當代的武士、文人之間的交流。

言繼的人生都為了支持走下坡的朝廷而奔走。他到處走訪地方大名，像是駿河（靜岡縣）的今川義元、美濃（岐阜縣）的織田信長、伊勢（三重縣）的北畠具教等人，請他們捐款。言繼宅邸附近的六丁町町眾，包攬了皇宮的修繕與警備，也是由言繼擔任朝廷與町眾的仲介。町人生病時，言繼自行調配藥劑，甚至前往看診。相信他比任何人都懂得，若沒有武士及町人的支持，朝廷就無法成立。

以武家傳奏身分與信長、秀吉互動

勸修寺晴豐

生卒年　一五四四～一六〇二年
父　勸修寺晴右
母　粟屋元子
家系　北家高藤流

武家傳奏是一項朝廷的重要職務，負責將武家的奏聞上呈給天皇，再將天皇的旨意傳達給武家。在織豐政權時期，勸修寺晴豐擔任這個職務長達二十四年。

織田信長以鐵甲船擊敗毛利水軍，兩年後的一五八〇年（天正八年），晴豐以敕使身分到訪大坂本願寺，擔任信長與該寺間和談的窗口。信長消滅武田氏之後，在一五八二年（天正十年）四月晴豐拜訪信長家臣村井貞勝，傳達朝廷希望信長擔任太政大臣、關白、征夷大將軍其中之一的職務。不過，因為沒有答覆，至今信長的想法仍是個謎。

本能寺之變時，晴豐趕往信長嫡子信忠死守的二條御所，目睹到明智軍包圍的狀況。一五九一年（天正十九年），秀吉著手大改造京都之際，晴豐曾看著變了樣貌的京都街道感嘆「無話可說」。秀吉死去的隔年，晴豐在五十六歲辭去職務，且在德川家康就任將軍之前過世。擔任將軍宣下敕使的是他的嫡子勸修寺光豐。他以公武聯絡窗口的身分旁觀了戰國的尾聲以及近世的啟程。

近衛前久

將秀吉當作猶子推動武家關白的誕生

生卒年 一五三六～一六一二年
父 近衛稙家
母 久我慶子
家系 北家近衛家

對長尾景虎抱著期待前往越後

應仁之亂後，五攝家陸續凋零，近衛家試圖藉由與將軍家聯手來恢復地位。關白近衛稙家之妹（慶壽院）成為十二代將軍足利義晴的正室，生下義輝、義昭，義輝也娶稙家之女為妻。然而，由於義晴權力不穩，敗給細川、三好氏之後，屢屢逃往近江，每次稙家都必須隨行。

另一方面，稙家嫡子前久則與將軍家保持距離。十九歲成為關白後，隔年捨棄了從足利義晴取來的「晴」字，而從晴嗣改為前嗣，據說也表達了與將軍家保持距離的想法。前久抱以期待的並非日漸走下坡的幕府，而是強而有力的戰國大名。

其中他認為最可靠的就是越後（新潟縣）上杉謙信（長尾景虎）。一五五九年（永

近衛前久譜系略圖

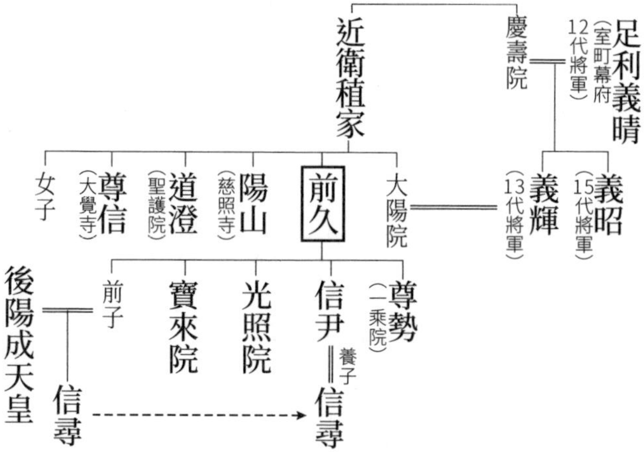

祿二年）謙信準備與北條、武田抗爭，為了獲得將軍義輝發出出兵關東的許可而上洛。而居中牽線的就是稙家、前久父子，因為這段淵源，前久與謙信締結盟約，在一五六〇年（永祿三年）獲得義輝的許可前往越後。這是現任關白首次前往東國。由於具備關白的權威，成為謙信平定東國背後的力量，據說前久就是借助這股力量，抱持重振幕府與朝廷的野心。

隔年，謙信受到上杉憲政讓位成為關東管領，在川中島（長野市）與武田信玄展開歷史上著名的激烈纏鬥。在這段期間，前久宛如前線的武將，先在廐橋城（群馬縣前橋市），接著屯駐於古河城（茨城縣古河市），牽制住北條軍。也是在這段時期，他改名為前久。然而，前久在北條氏的攻勢下撤退到越後，到了一五六二年（永祿五年）不理會謙信的制止返回京都。前久雖然自我反省「年少氣盛未經深思熟慮就衝動行事」，但遭到毀約的謙信憤怒之下，兩人從此絕交。

接受織田信長的庇護

前久回京之後，義輝遭到三好三人眾殺害，叔母慶壽院自殺等，風波不斷。不僅如此，一五六八年（永祿十一年）織田信長上洛，足利義昭成為十五代將軍後，前久被解除關白一職，逃離京都。義昭雖與前久是表兄弟的關係，但義昭似乎對於其兄義輝遭到暗殺，前久卻未出手支援而懷恨在心。自此之後，前久在畿內幾經輾轉長達七年。

在前久獲得信長許可回到京都時，已經是一五七五年（天正三年）的事。這時義昭已遭信長驅逐，兩人也沒有敵對的理由。之後，前久便以前關白之姿協助試圖統一天下的信長。前久回京之後立刻前往九州，為島津氏與相良氏的和平斡旋，一五八〇年（天正八年）則擔任到本願寺和談的使者。兩年後進攻武田時他也以武將身分從軍。

前久與信長兩人有狩鷹與騎馬的共同興趣，在私交上也很親密。前久獲得信長禮遇，不但獲得比其他公家更多的領地，一五七九年（天正七年）誠仁親王進入二條御所時，前久還獲得引領隊伍的榮譽，超越了時任關白的九條兼孝。

然而，本能寺之變發生後，前久也陷入危機。失去了可倚賴的信長，前久出家並將家督之位讓給嫡子信尹，然後投靠德川家康逃往濱松（靜岡縣濱松市）。本能寺之變時，明智軍的攻擊路線是從前久的二條屋敷往織田信忠所在的二條御所，因此前久被織田信孝（信長的三男）與秀吉懷疑他和光秀合謀，據說這就是他逃亡的原因。

隔年，在家康的協調下前久再次回京，但接下來前久要面對的難題就是秀吉就任關白。認為可以利用律令官制序列來讓諸大名屈服的秀吉，在一五八五年（大正十三年）介入前久之子信尹與二條昭實的爭執，希望能藉此擔任關白。秀吉成為前久的猶子，與信尹締結兄弟之約，並附加幾項條件下就任關白，條件包括未來將關白一職歸還近衛家，給予近衛家千石、其他攝家五百石的永代家領等。前久只能以「既然秀吉已掌握天下，就由不得我們」的理由來說服信尹。

然而，秀吉之後把關白一職讓給了外甥秀次，還在一五九四年（文祿三年）將信尹流放到薩摩（鹿兒島縣）。據說，最大的原因是信尹私下運作想要就任內覽，而秀吉壓根就沒有想把包含內覽在內的攝關相關傳統權威歸還給藤原氏。

在豐臣政權下遭到冷落的近衛家，到了江戶幕府成立後，信尹獲任關白，因為追求幕府權力統一的家康並不認同武家關白。前久在晚年經常與家人見面，並享受與島津義久等風雅友人的交流，度過安穩餘生。

深度專欄

藤原氏與日記

平安時代之後，貴族留下許多日記。隨著宮廷儀式愈來愈完備，累積了諸多先例之後，執行儀式的高階貴族為了將儀式流程及規範等傳承給子孫，便運用了日記。像是藤原忠平的《貞信公記》、小野宮實賴的《清慎公記》、實資的《小右記》等都當作儀式指南，直到後世仍備受重視。

進入院政期，出現因為家職的關係形成了支持朝廷的家族，而九條兼實的《玉葉》、吉田經房的《吉記》、藤原定家的《明月記》等家祖的日記作為傳家寶受到重視，而且以傳承日記當作嫡系的證明。

到了南北朝、室町時期，公家社會衰退，朝廷儀式與政務紀事減少，各自家族的經營與生活內容逐漸增加。例如三寶院滿濟的《滿濟准后日記》等寺院日記內容增加，也是這個時代的特色。

到了公家地位更低落的戰國時代，像山科言繼的《言繼卿記》、九條政基

《政基公旅引付》這類，記述的內容包括在地方的體驗，與武家、庶民之間的交流等，反映出公家社會影響力的拓展。日記可說是一面鏡子，看出朝廷與貴族文化的變遷。

第六章——近世、近代的藤原氏與華族制度

江戶時代到昭和時代

以法令規範天皇、公家的行動

歷經戰國亂世中各種波折的公家社會，逐漸由天下人打造出新崛起的武家政權。豐臣秀吉在給公家的知行宛行狀以及一五九五年（文祿四年）訂立的御掟追加[21]之中，鼓勵公家對朝廷奉公，並將精通各家家業（學問、才藝）制訂為公家的義務，打造了公家社會的身分與職制的框架。

公家統治的方針在江戶幕府時執行得更加徹底。一六一三年（慶長十八年）公布的公家眾法度，命令公家要精進各家的學問，違背法度的公家必須由幕府執行懲處。這是將幕府權力擴展到公家且制度化的重要法令。

一六一五年（元和元年），「禁中並公家諸法度」的制定，對於天皇及公家的生活、一切行動都定立了嚴格的規範，這是史上首次以法令來規範天皇的行動，堪稱劃時代的法令。此外，針對皇族、公家的家格與序列明確規定，即使是出身五攝關之人，若非攝關、大臣的適任者亦不能獲得任命；也明訂違反關白或武家傳奏下達的指令將遭處以流刑。對於公家的義務雖然沒有具體規定，但從精進學問、有職、歌道者可獲得晉升這點看來，可知出仕朝廷需要先修習家業、家職傳授的學問與才藝。

在這套法度之下，公家的生活固定在框架之中，只能在宮廷這個受限的社會中持續守護儀式、學問、和歌等傳統。

變得強大的五攝家權威

在江戶時代所有的身分都有很嚴謹的階級秩序，但公家社會原本就是以牢不可破的門閥制度建立起來。這裡再次為讀者整理公家的家格。

攝家是御堂流嫡系，包括近衛、九條、二條、一條、鷹司這五個家族，能夠獨占攝關職位，並獲任太政大臣、左大臣、右大臣作為前職的家族。清華家是三條、西園寺、

21 譯注：「御掟」為秀吉頒布全國大名的法令，之後又追加補充其他內容。

德大寺等可以升上太政大臣的家族；大臣家則是三條西、正親町三條等不用歷經近衛大將就能成為大臣的家族。羽林家是中山、正親町、飛鳥井、山科等歷經近衛少、中將後成為中、大納言的家族；名家是日野、勸修寺、廣橋等歷經辯官、藏人後升上大納言的家族。半家是高倉、富小路等在鎌倉時代之後成立的家族，從事紀傳道、陰陽道、神道這類的家業。

在這之中，到了江戶時代獨領風騷，獲得權力與特權的就是五攝家。一六一〇年（慶長十五年），就在幕府打算讓後陽成天皇撤回讓位時，擔心朝幕關係惡化的五攝家說服天皇，讓位一事得以延期。此後，幕府為了控制朝廷而重視五攝家，並賦予用來確認天皇行動與朝廷意向的使命。

五攝家由各家家主與代表人組成敕問眾，接受天皇諮詢並輔佐政務。在官位上也備受禮遇，不僅攝關，就連大臣職務也幾乎獨占，連清華家要成為大臣都變得困難。此外，大臣家之下的公家也幾乎都由攝家的家臣組成，成為在任官、升遷上享有方便的一群。

另一方面，攝關家與天皇家之間的姻親關係也重新建立。一六一一年（慶長十六年），近衛前久的女兒前子生下的後水尾天皇即位，這是自鎌倉中期的四條天皇之後，睽違大約四百年再有攝關家成為天皇的外戚。一六八三年（天和三年），左大臣鷹司教平的女兒房子成為靈元天皇的中宮，自十四世紀初期西園寺禧子（後醍醐天皇的皇后）以來攝關家出身的皇后也復活了。自此之後，天皇后妃為五攝家之女或內親王一事成為慣例。

另有額外收入的近世公家生活

公家與大名的婚姻，從戰國時代就可見到，像是今川氏親的妻子壽桂尼（中御門宣胤之女）、武田信玄的妻子三條夫人（三條公賴之女）等，但到了江戶時代更多，包括三代將軍家光之後的歷代將軍，其他大名也變得積極迎娶公家之女。其中的考量是大名藉由與高貴的公家締結姻親關係，為家名鍍金，並提高對家臣與領民的威信。

而對公家這一方而言，優點就是能獲得來自姻親大名的經濟援助。公家雖領有來自幕府的知行（配給），但即使是近衛家一開始也不過一千八百石左右。之後到幕末才陸續增加至將近三千石，大概跟中級旗本差不多。其他攝家是一千五百到兩千石，在這之下的諸家則不到千石，甚至有公家只獲得三十石左右的藏米。

由此可知，光是以來幕府給予的知行很難維持家格，一定要有武家的援助才行。例如，一六一五年（元和元年）小倉藩主細川忠興之女萬嫁到烏丸家時，還帶著兩千石的知行與六千兩的陪嫁金。包括與將軍家、薩摩島津家締結姻親關係的近衛家，與土佐山內家、德島蜂須賀家為姻親的三條家在內，其他還有今出川、大炊御門、烏丸、萬里小路等，從近世初期開始都很積極將女兒嫁入武家。

此外，精通文化、才藝的公家，也能預期獲得與家職相關的額外收入。像是飛鳥井家的蹴鞠、冷泉家的和歌、高倉家的服飾、四條家的料理、花山院家的書道、中御門流園家的花藝等，之後還因應各家的家業成為發放才藝證照的家元。當時有一項慣例，工商業者或演藝人員可獲得朝廷給予的大和守、飛驒介之類的受領名，而居中斡旋官職所獲得的回報就會是一筆收入。另一方面，只和同為公家交流的家族則相對窮困，甚至有人從事修補燈籠之類的家庭代工補貼生活。

因尊王攘夷流行而重振的藤原氏

隨著幕末時期西歐列強的威脅增強，尊王思潮高漲之下，朝廷的地位也愈顯重要。

京都成為政治中樞，藤原貴族再度出現在歷史的舞台上。

例如提倡開國讓討厭異國的孝明天皇傷透腦筋的太閣鷹司政通、加入八十八公家反對條約敕許的中山忠能、期許朝廷與幕府協調而推動和宮降嫁達成公武合體的九條尚忠、自行決定舉兵討幕的中山忠光、與尊攘派長州藩結盟而遭逐出京都的三條實美等，這些藤原氏的公家都與幕府、大名或諸國志士聯手，左右政局。

接下來，因為一八七六年（慶應三年）的王政復古大號令，攝政二條齊敬成了廢止前的最後一任攝關，隔年更因為奠都東京，京都的公家社會也隨之消滅。然而，藤原氏在明治政府中仍獲提拔擔任要職。內閣制度制訂後，帝國議會成立，許多舊公家都名列貴族院議員，明治末年到昭和時期，藤原氏就出現了西園寺公望與近衛文麿兩位總理大臣。在近代日本，這是藤原氏再次站上日本頂點的時期。

明治維新時，攝家、清華家之外的公卿也受到王政復古的恩惠。趁著因為版籍奉還將諸大名的領地與領民歸還給朝廷時，公家和大名及維新功臣一同名列華族，獲得享有特權的身分。華族的地位在皇族之下、士族之上，作為「皇室的屏障」支持天皇，起初四百幾十個華族之中，公家就占了三分之一。

一八八四年（明治十七年）華族令實施後，根據家格與功勳來授與爵位。於是具有

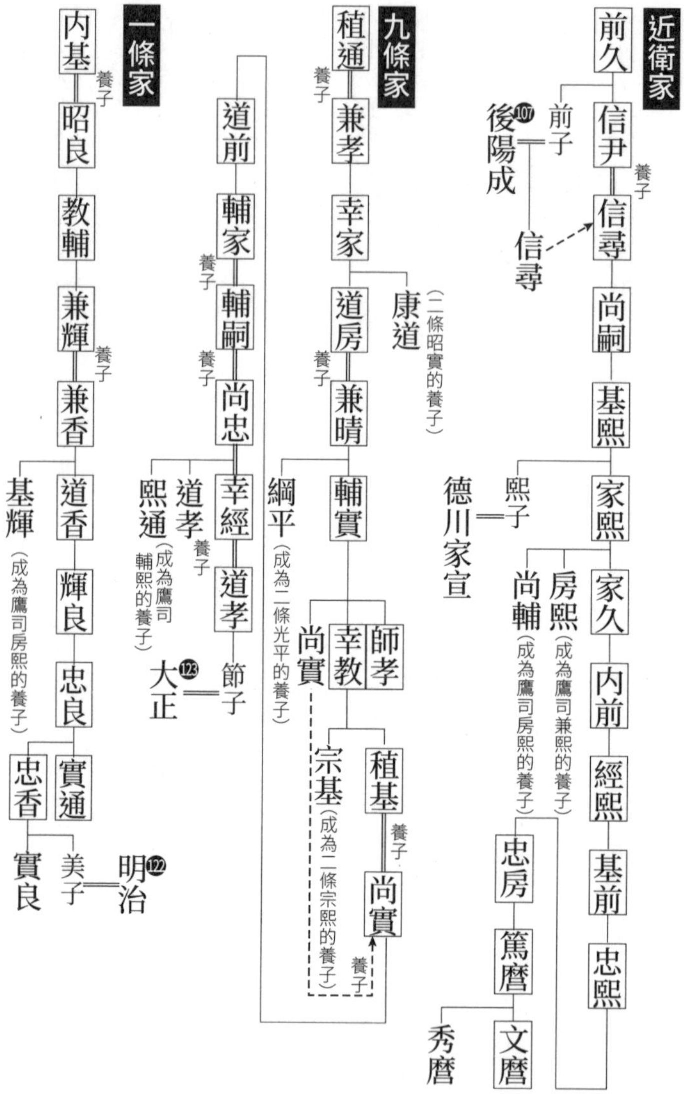
近衛家
前久
前子
107 後陽成
信尹
養子
信尋
信尋
尚嗣
基熙
熙子
德川家宣
家熙
房熙（成為鷹司兼熙的養子）
尚輔（成為鷹司房熙的養子）
家久
内前
經熙
基前
忠熙
忠房
篤麿
文麿
秀麿
九條家
稙通
養子
兼孝
幸家
康道（二條昭實的養子）
道房
養子
兼晴
輔實
綱平（成為二條光平的養子）
師孝
幸教
尚實
稙基
養子
尚實
宗基（成為二條宗熙的養子）
養子
道前
輔家
養子
輔嗣
養子
尚忠
幸經
道孝
節子
123 大正
道孝
養子
熙通（成為鷹司輔熙的養子）
一條家
内基
養子
昭良
教輔
兼輝
養子
兼香
道香
基輝（成為鷹司房熙的養子）
輝良
忠良
實通
忠香
實良
美子
122 明治

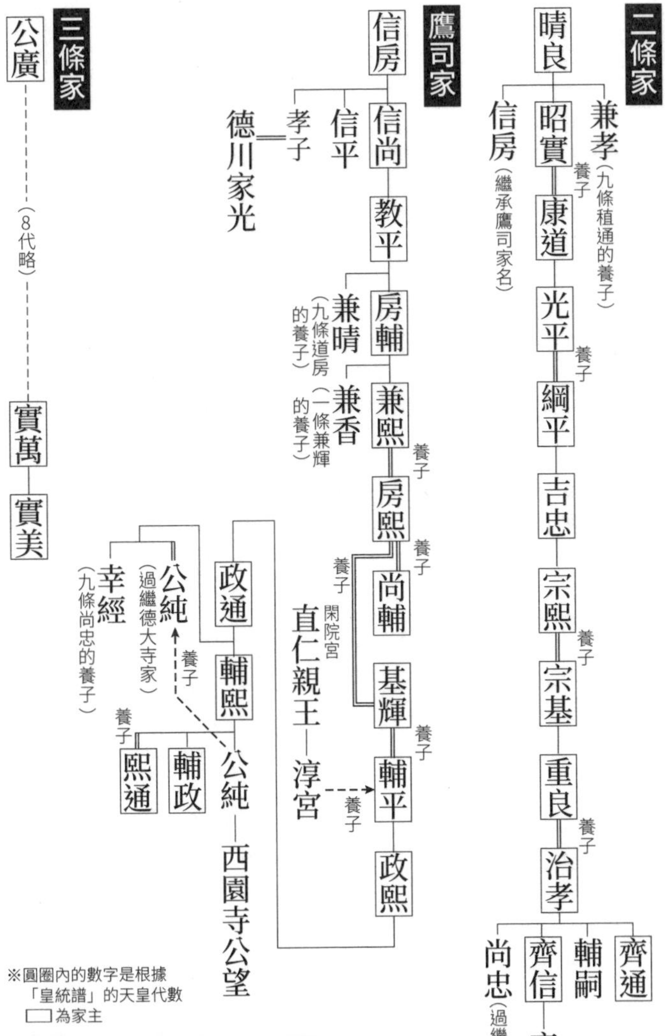
二條家
晴良
兼孝（九條稙通的養子）
昭實
信房（繼承鷹司家名）
養子
康道
光平
養子
綱平
吉忠
宗熙
養子
宗基
重良
養子
治孝
齊通
輔嗣
齊信
尚忠（過繼九條家）
齊敬
鷹司家
信房
信尚
信平
孝子
德川家光
教平
房輔
兼晴（九條道房的養子）
兼熙
兼香（一條兼輝的養子）
養子
房熙
養子
尚輔
養子
基輝
養子
閑院宮
直仁親王
淳宮
養子
輔平
政熙
政通
輔熙
公純（過繼德大寺家）
幸經（九條尚忠的養子）
養子
公純
輔政
熙通
養子
西園寺公望
三條家
公廣
（8代略）
實萬
實美
※圓圈內的數字是根據
「皇統譜」的天皇代數
□為家主

藤原氏譜系略圖⑥

舊攝家身分且有維新功勳的三條實美等人成了公爵，清華家為侯爵，大臣、羽林、名家成為伯爵，在這之下還有子爵，維新後成為華族的公家以及興福寺塔頭的舊住持（奈良華族）成為男爵。

之後雖然華族制度在政治上、經濟上享有特權而備受批判，但仍舊維持，華族人數也持續增加，卻因為戰後的財產稅、農地改革而失去經濟基礎，最後隨著日本國憲法實施而遭廢止。雖然失去了作為特權階級在公開場合的地位，但時至今日，藤原氏的子孫仍在財政界、藝術、宗教等各個領域有出色表現，持續傳承文化與傳統。

為近衛家注入皇室血統

近衛信尋

生卒年	一五九九～一六四九年
父	後陽成天皇
母	近衛前子
家系	北家近衛家

作為豐臣秀吉的養女進入後陽成天皇後宮的近衛前子（前久之女），生下了包括後水尾天皇在內的眾多皇子女，其中兩人繼承了攝關家。一個是一六一一年（慶長十六年）繼承一條內基的兼遐（昭良），另一個則是成為近衛信尹養子的信尋。在加入皇子之後，提升了攝家的血統與地位。因此，一條、近衛家與一七四三年（寬保三年）閑院宮直仁親王之子輔平繼承的鷹司家，這三個家族合稱為皇別攝家。

信尋精通和歌、連歌、書道、能樂等各項才藝，是一流的文化人。他和大德寺住持澤庵宗彭、茶人金森宗和、能書家松花堂昭乘、仙台藩主伊達政宗、津藩主藤堂高虎等文化人、大名都有廣泛交流，相當支持獎勵和歌、學問的後水尾天皇宮廷。後水尾經常與幕府對立，他也會將心中壓抑的不甘情緒寫下來，交給信尋。作為弟弟的信尋一方面為天皇的處境感到心痛，同時也與藤堂高虎合作勸說天皇打消讓位的念頭，身為五攝家的一員，他也必須為穩定朝幕關係而努力。

擔綱德川與攝家溝通橋梁的女性

鷹司孝子

生卒年　一六〇二～一六七四年
父　鷹司信房
母　佐佐輝子
家系　北家鷹司家

太閤鷹司信房的女兒孝子與德川家光的婚姻，是在家光上洛接受將軍宣下之後的一六二三年（元和九年）八月時內定。起因是家光之母江（崇源院）希望家光迎娶信房之女，兩人在一六二五年（寬永二年）舉行婚禮，之後孝子便被稱為御台所。

照理說成為公武合體象徵的兩夫妻，感情卻不好。不久之後，孝子就從本丸遭放逐到江戶城吹上內的御殿，稱呼也變成中之丸殿。至於夫妻感情不睦的原因不得而知，但據說家光陸續染指孝子的侍女，像是三男綱重之母夏之方，或是五男鶴松之母里佐之方等，引起孝子的嫉妒。在據信是春日局書寫的《東照權現祝詞》中，記述孝子時提到「因為心術不正受到天譴」。當時大奧之內由春日局掌權，很可能與從京都來的孝子之間產生了派系之爭。

然而，家光仍顧慮與鷹司家之間的關係，提拔孝子之弟信平為旗本並賜姓松平。夫妻關係固然破裂，孝子仍無疑成為德川與攝家之間的溝通橋梁。

近衛基熙

致力改善與幕府間的關係，為近衛家帶來繁榮

生卒年 一六四八～一七二二年
父 近衛尚嗣
母 不詳（家中女房）
家系 北家近衛家

基熙是信尋之孫，他總認為「官位是天皇授與，俸祿是來自將軍，因此對雙方都必須盡心盡力」。他很清楚近世公家的立場，也就是與朝廷和幕府有雙重的主從關係。然而，他與幕府的關係還不錯，卻和靈元天皇合不來。基熙在三十歲成為左大臣，原本可望不久後上任關白，卻在一六八二年（天和二年）被右大臣一條冬經超越，捷足先登。這是討厭基熙的靈元刻意主導的人事安排。

靈元自十幾歲時就和一群隨從有許多不檢點的行為，讓父親後水尾院傷透腦筋。一六七一年（寬文十一年），後水尾院與基熙商討，設置了年寄眾（之後的議奏）來管理隨從以及掌握天皇身邊大小狀況，加強監督。但靈元在後水尾死後違反幕府的決定，像是另立朝仁親王（東山天皇）為皇太子等，在朝廷運行上無視攝關、幕府，更處罰帶有批判性的公家。基熙錯失就任關白正好就是在這個時期。

一六九〇年（元祿三年），基熙在東山天皇下成為關白之後，靈元仍繼續出現獨斷

的行徑。隔年，靈元甚至要求攝關與武家傳奏、議奏提交代表對他效忠的血書，面對這種前所未見的舉動，讓基熙相當憤慨，批評是「天魔所為」。然而，靈元介入政治一事被幕府知悉，一六九三年（元祿六年）遭受老中嚴厲斥責的基熙等人，終於勸告靈元引退。接下來更換掉靈元派的公家，並留心依照幕府的意向經營政務，努力穩定朝幕關係。

一七〇三年（元祿十六年），基熙辭去關白一職，但隔年一七〇四年（寶永元年），當基熙之女熙子所嫁的甲府藩主德川家宣成為五代將軍德川綱吉的接班人，並且進入江戶城之後，基熙的權勢變得更大了。基熙與家宣、將軍身邊的間部詮房、新井白石等人的互動活絡，在朝廷與幕府的溝通上更加順暢。在家宣成為六代將軍的一七〇九年（寶永六年），基熙以江戶時代公家身分成了首位太政大臣。同年，東山天皇過世，靈元院主導重啟院政，這時就連靈元也禮遇成為將軍岳父的基熙。一七一〇年（寶永七年），成為中御門天皇攝政的基熙嫡子家熙也成為太政大臣，至此近衛家可說享盡權勢。此外，家熙之女尚子成為中御門的女御，生下櫻町天皇，一併獲得外戚的地位。

根據東山的遺言，接受新井白石的援助成功設置直仁親王閑院宮家的也是基熙。日後，在後桃園天皇沒有皇子就過世的狀況下，由同一家的光格天皇即位，拯救了滅絕的危機。這麼說來，基熙在穩定皇位繼承方面也留下功績。

從大奧策劃擁立將軍德川吉宗

近衛熙子

生卒年　一六六六～一七四一年
父　近衛基熙
母　常子內親王
家系　北家近衛家

近衛基熙順從幕府，卻並非無條件對武家抱有好感。一六七九年（延寶七年），基熙從武家傳奏得知甲府藩主德川綱豐有意迎娶基熙之女熙子為妻。雖然對基熙來說，這是一場不樂見的婚事，但他仍無法抵抗時勢，終究還是無奈同意。甚至以「武力強大，難以抵抗，懊惱至極」這些話來表達內心的憂鬱與不甘。此時，基熙並未預料到這場婚事在日後將帶給近衛家榮華富貴。

一七〇四年（寶永元年），綱豐成為叔父德川綱吉的養子，改名為家宣並進入江戶城西之丸。五年後，綱吉過世由家宣繼任六代將軍，熙子也成為御台所進入大奧。家宣在任三年即身亡，成為七代將軍的是側室月光院之子家繼，但依照家宣的遺言，熙子成為家繼的嫡母，因此她的地位絲毫未有動搖。熙子出家後以天英院為號，她也是首位御台所在生前獲敘從一位的人，稱為「一位樣」。

兩年後，一七一四年（正德四年）發生了震撼大奧的超級大醜聞「江島生島事件」。服侍月光院的御年寄（御目見之上的女中）江島一行人前往增上寺代表月光院參拜，在回程中與歌舞伎演員生島新五郎設宴同歡，錯過了回宮的門禁時間。這起風波在日後成了重大問題，江島因為涉嫌與生島私通而遭到放逐，生島則被流放到三宅島。但其實江島的罪刑並不重大，極有可能是冤獄。也有一說這是天英院策劃的政變，目的是要削弱將軍生母月光院掌握的權勢，然而並沒有明確的證據支持這項說法。

除了掌控大奧之外，熙子並安排弟弟家熙的女兒尚子進入中御門天皇後宮，妹妹八百君入侍閑院宮直仁親王，晚年還為外甥家久之女通子牽線與田安宗武（德川吉宗的次子）的婚事，可說致力於透過聯姻政策來推動近衛家的發展。不僅如此，熙子身為御台所，也參與了有助於德川家發展的人事安排。也就是紀州藩主德川吉宗就任八代將軍。

一七一六年（正德六年），家繼在八歲身亡，接班人成了大問題。由於家宣的第一候補、御三家筆頭尾張德川家的吉通在三年前就已死，後來便以「家宣遺言」來立在藩政改革中展現成果的吉宗。事實上，是否真有這樣的遺命不得而知，但這是天英院藉由接受家宣的遺志名義而指定吉宗，不引起尾張派與紀州派表面對立而決定將軍就任一事，也讓吉宗保有正統性。熙子直到晚年都因為有助於擁立吉宗而備受禮遇，最後活到七十六歲長壽。

主張開國並與孝明天皇對決的老太閤

鷹司政通

生卒年 一七八九～一八六八年
父 鷹司政熙
母 蜂須賀儀子
家系 北家鷹司家

一八四六（弘化三年），因為父親仁孝天皇驟逝，十六歲的孝明天皇即位。孝明體格強健、個性活潑，雖然日後在堅持鎖國攘夷時看來很固執，但唯有在一個人面前不敢造次，就是自一八二三年（文政六年）以來擔任關白的鷹司政通。

政通認為「比起至尊（孝明）我的血統更加高貴」而引以自豪。政通的祖父輔平是閑院宮家之祖直仁親王的兒子，進入鷹司家當養子而成為關白。政通是東山天皇的玄孫，比孝明更接近東山的優良血統，成為他擁有絕對權力的基礎。一八五六年（安政三年）在他辭去關白之後仍保有內覽的權限，像對待孫子一樣指導孝明。雖然政通「氣魄雄渾、容貌魁偉」令人畏懼，但同時對孝明來說他的地位亦父亦師。

然而，只有一個問題。相對於孝明百分之百討厭異國，政通則是當時公家中罕見的開國派。當馬修・培里（Matthew Perry）要求開國時，政通說明，「美國總統的國書落落大方，極富仁慈，不該懷恨。與其開戰，更該進行貿易獲利方為上策」。然而，站在政通的立場，與其說他思想開明，或許該說以他關白的身分不得不順從幕府的意向才對。

一八五八年（安政五年），日美友好通商條約簽訂時，老中堀田正睦為取得條約認可的敕許而上洛。公家眾的意見是一致決定否決勅許，但問題就出在太閣政通。預料到政通會破口大罵的孝明，事先請託關白九條尚忠，要是太閣來了就若無其事與他同席，到了關鍵時刻提供建議。根據孝明的說法，「與太閤面對面時，完全說不出自己的想法，而且我光說一句，太閤會回應好幾倍，最後還表示『天皇和我的想法一樣呢』來堅持他自己的意見。」

不出所料，政通在朝議隔天來到御所，一味責備天皇。政通甚至以承久之亂後遭到流放的後鳥羽上皇為例，勸諫孝明。他是擔心與幕府的關係惡化，天皇的立場變得尷尬。然而，偏偏在這時孝明沒有推翻朝議，政通於是辭去內覽失去實權。這件事似乎讓政通感到十分難過，日後他還曾去信尚忠，「很擔心自己的發言讓天皇感到不舒服。」

後來，政通也在身兼鷹司家家司與尊攘家的小林良典說服下，成為攘夷派，但孝明自立之後，政通再也沒有回到朝廷重新掌權，最後在安政大獄時遭受處分出家。

以尊攘派公家參與戊午密勅

近衛忠熙

生卒年　一八〇八～一八九八年
父　近衛基前
母　德川靜子
家系　北家近衛家

近衛家與島津家的關係始於十二世紀末，島津初代的忠久受任命為攝關家領島津莊的下司職。雙方在中世屬於莊園領主與守護、地頭的關係，但到了近世薩摩藩成立後，開始締結了與島津家女兒聯姻或是收養養子的緊密關係。

近衛忠熙也迎娶九代藩主島津齊宜之女郁姬為妻。根據當時社會的評論，忠熙個性敦厚，不拘泥地位，但作為政治人物態度柔弱，普遍認為他無害卻也沒有助益。不過，在十三代德川家定的將軍繼承問題上，他協助推薦一橋慶喜的島津齊彬，收養島津家的篤姬為養女，並將她送進大奧成為家定的御台所。此外，在條約敕許上作為對幕府的強硬派，獲得孝明天皇深厚的信任。然而，他參與了朝廷下達水戶藩敕書的戊午密敕，之後在安政大獄中失勢。一八六二年（文久二年），忠熙接受提倡朝幕改革的島津久光之提議，取代親幕派九條尚忠成為關白，卻受到尊攘派的壓力而在隔年辭職。維新之後忠熙留在京都養育孫子篤麿，活到九十一歲高壽。

中山忠光

組成天誅組又遭滅的年輕尊攘派公家

生卒年 一八四五～一八六四年
父 中山忠能
母 松浦愛子
家系 北家花山院流

與列強簽訂條約之後，尊王攘夷論席捲朝廷，其中採取激烈行動的就是中山忠光。他的父親忠能一開始是尊攘派，但之後轉向公武合體論並推動和宮降嫁，獲得明治天皇的討幕密敕，成為王政復古的功臣。忠光就是他排行第七的兒子。

忠光是個百分之百的攘夷論者。一八六三年（文久三年）二月，忠光在十九歲時受提拔為國事寄人，仍止不住他的攘夷思想，隔月便擅自前往長州。他自稱名叫森俊齋，加入久坂玄瑞的光明寺黨，參與下關的砲擊外國船隻後返回京都。父親忠能對此大怒，命令他閉門反省，但到了八月十三日，公布攘夷親征的大和行幸詔文，忠光再次逃亡。他在大和與土佐藩浪士吉村虎太郎共同組織了天誅組，攻擊位於五條（奈良縣五條市）的代官所。豈料，在八月十八日的政變中尊攘派被朝廷掃蕩，天誅組也遭到受幕府之命的彥根藩、紀州藩追捕。忠光好不容易脫困，獲得長州支藩長府藩的收留，然而隔年卻在長州藩論轉向歸順幕府後，於田耕村（下關市）遭到暗殺。

遭到幕末政局操弄的最後一任關白

二條齊敬

生卒年 一八一六～一八七八年
父 二條齊信
母 德川從子
家系 北家二條家

鷹司政通很早就給予二條齊敬很高的評價，在齊敬繼任家督之前，他就推薦齊敬擔任關白。武家對齊敬也頗有好評，水戶藩士稱他是「眾望所歸之人」。

齊敬相當了解孝明天皇，在面對條約敕許問題時，他主張攘夷，並發下豪語，「這反倒能實現討伐夷狄的幕府使命，同時也可彰顯聖國的威德」。為此，他在安政大獄期間受命禁足反省，但之後仍以公武合體派支持天皇，在八月十八日的政變中尊攘派公卿遭到放逐後，齊敬受任為關白。此後，他與中川宮朝彥親王、一橋慶喜等人肩負起京都政界的核心，因應禁門之變、長州征討等事件。

一八六六年（慶應二年），二十二名公家列名要求罷免中川宮與齊敬，孝明雖然拒絕，卻在同年底過世，讓齊敬失去了最大的靠山。齊敬接下來成為明治天皇的攝政，但在隔年十二月齊敬等人退出之後，御所就立刻被岩倉具視等討幕派所占領。之後王政復古的大號令發布，攝關廢除，齊敬的政治生命也到此結束。

以奧羽鎮撫總督引導東北戰爭獲勝

九條道孝

生卒年 一八三九～一九〇六年
父 九條尚忠
母 南大路長尹之女
家系 北家九條家

九條道孝是九條尚忠的長子，尚忠曾任關白，並作為親幕府派推動通商條約簽訂以及公武合體。道孝在一八七六年（慶應三年）成為左大臣，於王政復古政變後遭停止參內，卻在戊辰戰爭中被提拔為奧羽鎮撫總督。新政府在各地的鎮撫總督中安置皇族或公家，藉此展現這場戰爭並非薩長私戰，而是由朝廷主導的公戰。

進入仙台的道孝命令奧羽諸藩討伐會津藩，諸藩卻不為所動，反倒仙台、米澤藩還提出赦免會津的請願書。當時孝道表示，「幾位參謀或許不同意，但到了關鍵時刻我不如就投靠兩藩吧。」他展現了不惜與薩長決裂的決心，讓兩藩放下戒心。不久之後，奧羽諸藩組成奧羽越列藩同盟，決定與薩長對決。道孝雖遭到軟禁，但列藩同盟的首領聽信了他「希望上洛向朝廷說明奧羽的狀況」這番說詞而放任他逃離仙台。只不過道孝並沒有前往京都，而是率領大軍說服秋田藩脫離列藩同盟，之後更大敗強悍的庄內藩，引領東北戰爭獲得勝利。

以對天皇家的忠心與良好家世成為新政府領袖

三條實美

生卒年	一八三七～一八九一年
父	三條實萬
母	山內紀子
家系	北家閑院流

三條家是名門閑院流的嫡系。實美的父親實萬在條約問題上反對敕許，也因為參與戊午密勅而在安政大獄中失勢，後來在京都郊區的一乘寺村遭到追捕，死於非命。實萬臨終之際對幕府的蠻橫粗暴感到憤怒，向實美交代遺言，「繼承勤王的志向，貫徹初衷，一吐怨氣」。這時，實美二十三歲。

實美謹記父親的遺言，成為尊攘派公卿嶄露頭角。一八六二年（文久二年），實美參與了四奸二嬪排斥運動，這場活動的目的是為了排除推動和宮降嫁的公武合體派。後來逼得岩倉具視、千種有文等人蟄居，自此讓朝廷中尊王攘夷論蔚為風潮。接下來，實美與姉小路公知一同作為敕使前往江戶，要求幕府攘夷。隔年二月，實美拜訪駐留京都的一橋慶喜，以激進派可能暴動為威脅，要對方承諾攘夷的期限。

實美經過這些活動逐漸提高聲望，不知不覺就成了尊攘派公家的核心人物，甚至握有壓倒關白的權勢。然而，在長州藩與實美等人的策劃下，公布了攘夷親征的大和行幸詔令後，中川宮朝彥親王、一橋慶喜等公武合體派的公家、大名，以及會津、薩摩藩聯手占領皇宮（八月十八日政變）。實美與三條西季知、東久世通禧、王生基修等六名尊攘派公家一同被逐出京都逃到長州（七卿落難）。

決定長州征討的隔年，也就是一八六五年（元治二年），實美等人為了逃難而移居太宰府。正好此時地方上的志士主導的討幕活動白熱化，實美向走訪太宰府的坂本龍馬、中岡慎太郎等人提供薩摩藩的相關資訊，間接協助了薩長同盟的締結。

王政復古的大號令發布後，實美回歸政界與岩倉一同就任實質上領導的副總裁。之後歷經輔相、右大臣等，成為輔佐天皇的太政大臣，立於太政官的頂點。然而，在一八七三年（明治六年）的征韓爭論中，無法好好處理西鄉隆盛與岩倉、大久保利通的對立，夾在中間立場尷尬的實美病倒。這起事件讓後人對實美的印象停留在缺乏政治決斷力，是個行事優柔寡斷的公家，但木戶孝允對於因為「魯莽的謬論」而病倒的實美表示同情。明治天皇對實美的信任不變，一八八五年（明治十八年），隨著內閣制度成立實美就任內大臣。四年後，在大日本帝國憲法頒布儀式上，實美獲得將憲法上呈給天皇的榮譽，同年他還代替因交涉條約修訂失敗而辭職的黑田清隆，兼任內閣總理大臣。臨終之際，獲得天皇稱讚「中興元勳、臣民典範」。

對教育、醫療發展有所貢獻的皇后

一條美子

生卒年 一八四九～一九一四年
父 一條忠香
母 新畑民子
家系 北家一條家

明治天皇的皇后美子，父親一條忠香是為公武合體派，也是受到孝明天皇信任的左大臣。忠香的養女嫁給一橋慶喜，而因為他協助一橋慶喜就任將軍，在安政大獄中遭到懲處。還有個小插曲，忠香為了讓孩子看看庶民的生活，讓他們爬上宅邸內的瞭望台。

美子是忠香的三女，起初名叫勝子，另外也有富貴君、壽榮君的別名。一八六八年（明治元年）改名為美子，同年滿二十歲與明治天皇結婚。美子打破了過去皇后封閉在深宮中的印象，她開設了華族女校、東京女子師範學校（御茶水女子大學），援助東京慈惠醫院（東京慈惠會醫科大學附屬醫院）、博愛社（日本紅十字會）等組織，致力推動女性教育與醫療發展。她積極現身公眾場合參與社會活動的態度，乃學習自普魯士王室，也是鼓勵明治政府作為宮廷近代化的一環。

在西南戰爭中，美子皇后派遣女官到陸軍省製作大量消毒繃帶，據說她也親自為傷者包紮。過世後受追封為昭憲皇太后。

九條節子

支持體弱多病的大正天皇親自參與公務

生卒年　一八八四～一九五一年
父　九條道孝
母　野間幾子
家系　北家九條家

大正天皇的皇后節子，是戊辰戰爭中擔任奧羽鎮撫總督的左大臣九條道孝的四女，幼年時被送到多摩的富農家寄養，長大成為人稱「九條黑公主」的健康女子。

節子在華族女學校就學，滿十五歲時成為皇太子明宮嘉仁親王（大正天皇）的王妃。據說當時明治政府學習歐洲的一夫一妻制，因此身強體健的節子獲選為皇太子妃。節子也不負期待，和大正天皇生下了裕仁親王（昭和天皇）、秩父宮雍仁親王、高松宮宣仁親王、三笠宮崇仁親王，共四位皇子。

大正天皇即位後，節子也成為皇后。一九二一年（大正十年）天皇因病退出政務後，節子親自處理政務及宗教儀式，關東大地震發生後，她也主動前往醫院、受災地區訪視。

節子因為崇拜奈良時代致力於救濟弱勢的光明皇后，將救援痲瘋病患當作自己一生的使命，此外，她也大力鼓勵養蠶。一九二六年（大正十五年），大正天皇過世後節子成為皇太后，在駐日盟軍總司令部（GHQ）的占領下，節子於滿六十六歲時離世，獲追封為貞明皇后。

西園寺公望

受到首相指名具備重大影響力的最後元老

生卒年 一八四九～一九四〇年
父 德大寺公純
母 末弘斐子
家系 北家閑院流

擔任大使累積國際經驗

西園寺家是鎌倉時代世襲關東中次的清華家名門。公望是德大寺公純（鷹司輔熙之子）的次子，幼年時就成為西園寺師季的養子。由於公望身上流著皇別攝家鷹司家的血統，和小他三歲的明治天皇同樣是源自閑院宮家家系的貴公子。

王政復古期間公望受任參與一職，在戊辰戰爭中則以山陰道鎮撫總督平定了佐幕派居多的山陰諸藩，這是為了萬一薩長敗給幕府軍的話，還能保住天皇的退路。公望在平定山陰後前往會津、北越戰線，自己帶著武器率領河井繼之助大戰長岡藩。他從這個時期就穿著西服，出兵前還因身穿西服進宮遭到大原重德責罵。公望直言「未來一年內，朝廷也必定會穿起西服」，擊退比他年長五十歲的大原。

維新之後不久，公望在宅邸內成立了家塾立命館，由於名稱出自當時被視為危險思想而禁止的《孟子》，讓新政府心生警戒，不到一年就被廢除。至於立命館大學的前身京都法政學校的創立，則是在距此大約三十年之後的事了。

一八七一年（明治四年）赴法國留學的公望，接下來的十年在巴黎學習法律與西歐文化，並與克里蒙梭（Georges Clemenceau）、甘必大（Léon Gambetta）等政治人物交流。返國之後，公望和留學期間結識的中江兆民創辦《東洋自由新聞》並擔任社長，但不久後即受到右大臣岩倉具視及親哥哥德大寺實則等人以「不符合華族身分」的理由施壓，被迫辭職。

一八八一年（明治十四年）公望成為參與法律制訂、審查的參事院議官補，與議長伊藤博文共赴歐洲考察憲法。這趟視察之旅也成了公望接近伊藤的契機。之後歷任奧地利、德國、比利時大使，以及貴族院副議長、樞密顧問官之後，在一八九四年（明治二十七年）獲任第二次伊藤內閣的文部大臣。公望批評當時提倡大和魂卻無視全球趨勢的日本教育現況，為此遭到各界批判，認為這與當時政府公布的教育敕語所強調的國家主義並不相符，但公望毫不退讓，繼續提倡教育改革與推動英語普及。

隔年，公望就任外務大臣臨時代理，在日清戰爭中協助外務大臣陸奥宗光，並在戰

西園寺公望譜系略圖

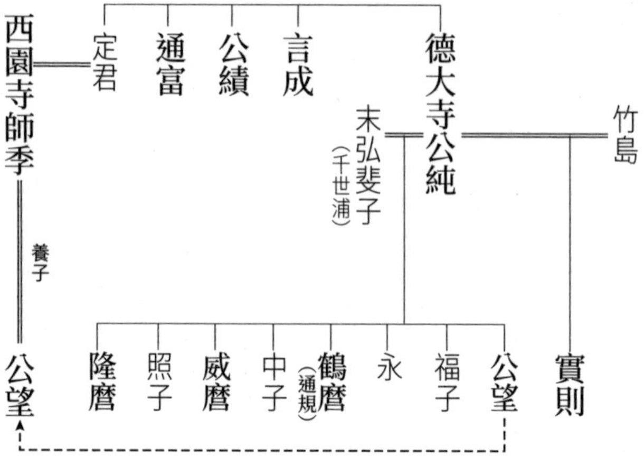

後處理上以遼東還附條約（遼南條約）保住三千萬兩賠償金。回想起來，當時內閣成員中公望只對陸奧表示讚許，至於其他人「全是愚蠢之輩」。

明治最後一任總理大臣

一九〇〇年（明治三十三年），伊藤為了國會穩定的運作，與公望、原敬等人組成了立憲政友會。同年，第四次伊藤內閣成立，但由於伊藤療養中，由公望擔任內閣總理大臣臨時代理。三年後，公望取代伊藤成為立憲政友會總裁，並在日俄戰爭結束後的一九〇六年（明治三十九年），繼桂太郎之後就任總理大臣，藤原氏在明治時期再次立於政界巔峰。

然而，第一次西園寺內閣因為政友會的閣員為數不多，權力基礎脆弱，加上社會主義者的取締失敗以及公望本身的健康問題，僅僅兩年就將政權拱手讓給第二次桂太郎內閣。將近十年的時間是由公望與桂輪流執政，這段時期就稱為「桂園時代」。

一九一一年（明治四十四年），由桂太郎推薦組閣的第二次西園寺內閣，和第一次相較起來政友會人數雖然增加，但公望與閣員之間的關係並不融洽。隔年，因為上原勇作陸軍大臣提議增設兩師團未獲採納而辭職，這件事成了導火線，使得第二次西園寺內閣總辭，剛好就在明治天皇過世之後，因此公望成了明治時代最後一任總理大臣。

一九一六年（大正五年），公望在山縣有朋的推薦下名列元老。元老是繼任首相推薦，參與外交問題等推動國政上的最高顧問，公望是薩長藩閥之外首次就任的人選。一九一九年（大正八年），他以巴黎和會首席全權委員身分前往歐洲。一九二七年（大正十三年）松方正義死後，元老剩下公望一人，此後他就以「最後的元老」掌握接任首相的指定權。在公望別墅所在的興津坐漁莊，政府要人紛紛來訪聽取他的意見，絡繹不絕。

身為元老的公望始終採取自由主義的態度，支持政黨內閣的全盛時期。然而，公望推薦的犬養毅首相在五一五事件遭到暗殺後，無法控制軍部的擴張，公望作為元老的影響力因此下降。就在神武天皇即位後兩千六百年之際，國體思想高漲下，公望就在對日本未來走向的憂心中，以滿九十歲高齡離世。

被視為引發日中戰爭甲級戰犯的悲情首相

近衛文麿

生卒年 一八九一～一九四五年
父 近衛篤麿
母 近衛衍子
家系 北家近衛家

以「新日本希望」之姿現身政界

「這年頭還想靠著人氣來從政，這種過時的想法真不可取啊。」第二次近衛內閣成立前，西園寺公望曾經這麼說過。文麿受歡迎的程度確實非同小可，不但有近衛家嫡系的血統，加上他年輕、知性、接近一百八十公分的高大身材，以及「從眼神將感受到的苦楚充分流露，無懈可擊」，受到全日本吹捧為「新日本的希望」，充滿男子氣概。

文麿從近衛家之祖基實算來是第三十代，父親篤麿在德國學習國家學，歷經貴族院議長、樞密顧問官，在政界是個重量級人物。他提倡由日本主導以亞洲自立為目標的亞洲主義外交，並提出對俄強硬論，組成國民同盟會也種下日俄戰爭的遠因。然而，頻繁的政治活動造成高額貸款，篤麿死後近衛家面對猛烈的債務追討。也因為有這樣的背景，讓年輕時的文麿對社會懷有一股反叛，他曾回憶當年的自己，「是個沉迷於閱讀托爾斯泰等人作品、個性偏執的憂鬱青年」。

文麿從年輕時學業就很優異，他在第一高等學校中受到新渡戶稻造校長的修養主義感動，並在京都帝國大學師從馬克斯主義經濟學者河上肇、因《善的研究》聲名大噪的哲學家西田幾多郎等多位學者。於是，文麿認為要拯救經濟上的弱勢、守護個人自由，菁英階級必須認真思考國家政策並向國民宣示。這是典型的國家社會主義立場，而此後他的這股信念也從未動搖。

上任貴族院議員兩年後，文麿在一九一八年（大正七年）發表了論文「排除英美本位的和平主義」，主張必須公認日本有與英美同樣程度的生存權，才是真正的國際協調，並對於戰敗的德國表示同情。這份論文精準呈現出日本面對巴黎和會時真正的心情，獲得極高的評價，文麿也因此成為參與和會的成員。

一九三一年（昭和六年）滿洲事變（瀋陽事變）爆發，時任貴族院副議長的文麿表達支持陸軍的立場。這是因為他認為陷入政爭的政黨勢力無力統一國論，也沒有強化日本的能力，於是轉而將關注放在作為取代政治勢力的陸軍上。五．一五事件[22]發生之後，他在一九三三年（昭和八年）發表的論文中表示，阻礙和平的是歐美各國，透過國際組織或非戰公約並不能實現真正的和平。他並認為日本為了實現公開資源與人種平等的兩大原則而進軍滿州，在將滿州事變（九一八事變）視為生存權的考量下予以肯定，並站在支持滿州國建國與退出國際聯盟的立場。而就在發表論文的幾個月之後，文麿上任貴族院議長。

在崇高的思想下將日中戰爭正當化

一九三六年（昭和十一年），二・二六事件[23]爆發，為了收拾時局，文麿受到元老西園寺推薦擔任首相。然而，文麿考量到西園寺為了排除右翼的政治路線並無法統一國論，因此辭退。就文麿的政治信念而言，若是不能指望實現自己的政策，那麼也無須執著首相大位。然而，一九三七年（昭和十二年）林銑十郎首相推薦陸軍大臣杉山元接班，不喜歡軍人上任首相的西園寺再度徵詢文麿的意願。由於這次並未附加任何組閣條

22　譯注：海軍基層軍官闖入總理大臣官邸刺殺當時總理大臣犬養毅的事件。
23　譯注：陸軍青年軍官對軍方高階官員中的反對者展開刺殺但最終失敗的一次政變。

件，讓近衛決定出馬並成立第一次近衛內閣。國內各界則給予正面評價，「充滿清新的氣氛」、「一掃陰霾」等樂見其成。

文麿採取對中強硬的政策，要求中國要嚴格取締排日運動，以及默認滿州國。為此，日中關係持續惡化，同年七月爆發蘆溝橋事變，日中戰爭自此展開。文麿因應陸軍要求決定增援，在對國民的廣播演說中強調日中戰爭乃正義人道之戰，從國家主義、世界史及哲學上的觀點來正當化戰爭與惡化國民生活。這次的演說受到「品格高尚，義理深遠」的極高評價，甚至受歡迎到還發行唱片銷售，但在這股高尚的理念下將日中戰爭視為聖戰，也是拖長戰事的主要原因。

在隔年四月的內閣改組中，文麿換掉了陸軍大臣。在背後有了天皇與陸軍的支持，成功介入過去政黨內閣也動不了的軍方人事。在十一月的演說中，他將戰爭的目的定位在建立「東亞新秩序」，並強調與中國的對等。在要求中國承認滿州國以及通融日本軍屯駐、資源開發的同時，也展現不要求割讓領土、賠償金且尊重中國主權的方針，但英美加強援助與日本敵對的蔣介石政權，最後戰爭以失敗作收，近衛內閣總辭。

同年，第二次世界大戰爆發，在德國席捲西歐之中，日本國內持續幾任短命內閣，社會對近衛的期待愈來愈高。一九四〇年（昭和十五年）七月，以外務大臣松岡洋右、

近衛文麿譜系略圖

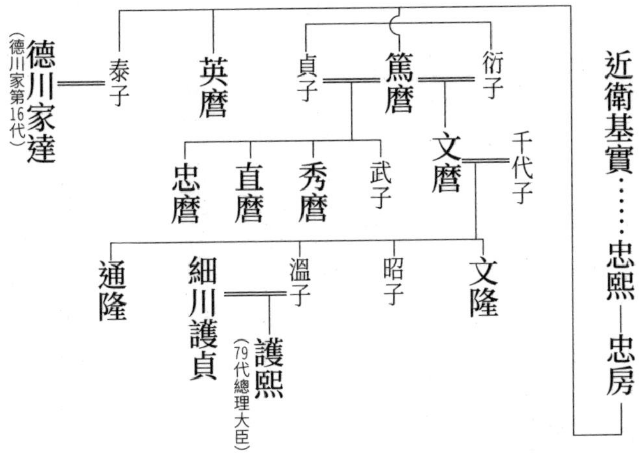

陸軍大臣東條英機為成員的第二次近衛內閣成立。文麿推動包含國民、軍方、行政等實現舉國一致的新體制運動，成立了大政翼贊會作為核心組織。對國民提倡「一億一心」，要求團結一致並持續忍耐貧苦的艱辛生活。然而，新體制招來許多批判，甚至還出現了「歷史上可見藤原氏的任性妄為」這類黑函。

此外，為了對抗英美的經濟制裁而締結的日德義三國同盟，造成與美國的關係惡化。近衛為避免與美國的衝突，著手日美談判，並換掉了反對此舉的松岡外相，成立第三次內閣。然而，由於日本強行進軍法屬印度支那南部，使得美國停止對日本出口石油。感受到危機的文麿，提出與美國總統羅斯福會談卻遭拒絕，自中國撤軍一案也在東條陸相反對下受阻，最後不得不提出內閣總辭。直到最後一刻摸索著如何避免戰爭的文麿，一切努力化為泡影，而取代他上台組閣的東條內閣則讓日本陷入無法脫身的戰爭。

以作為對俄交涉的特使促成和平方案

文麿感受到開戰的責任，即使戰爭初期獲勝他也不感到高興。一九四四年（昭和十九年）他已預料到戰爭將走向「悲慘的敗北」，但在打倒東條內閣時沒有立即動作，因此失去挽回名聲的機會。

文麿開始有動作是在硫磺島失守前夕的一九四五年（昭和二十年）二月。他上奏天皇，說明「雖然很遺憾，但勢必會戰敗」，並主張為了避免因戰敗伴隨的共產革命導致天皇制瓦解的事態，應該要終結戰爭，昭和天皇卻為難表示，「要是沒有再一次展現戰果恐怕很難」。

同年七月，在由蘇聯為仲介摸索和平的行動中，文麿受任命為對俄交涉的特使。文麿獲得智囊的協助製作和平交涉綱領，再以國體護持（保存天皇制）為絕對條件之下，加入許多大膽的和平條件，包括將領土限制為固有疆土、完全解除武裝、修改憲法，甚至是天皇讓位。然而，當時已經決定加入對日戰爭的蘇聯對於交涉並無回應，之後在波茨坦宣言發表並對廣島、長崎投下原子彈，終於結束戰爭。

戰後，文麿接受美國將軍麥克阿瑟（Douglas MacArthur）的提議，為了清算自己的戰爭責任而著手修憲作業。但在無法免除持續日中戰爭及日美開戰的責任，文麿被指為甲級戰犯，由占領軍發布逮捕令。被裁定為戰犯一事讓文麿認為是奇恥大辱，在自首限期當天的清晨於荻窪自宅中服毒自殺，享年五十四歲。

近衛秀麿

拯救猶太人的攝家出身指揮家

生卒年 一八九八～一九七三年
父 近衛篤麿
母 近衛貞子
家系 北家近衛家

「幸好你選擇了音樂這條路。」近衛文麿遭指為甲級戰犯準備自殺的前一晚，曾對當時來到荻窪自宅小他七歲的弟弟秀麿這麼說。

秀麿真正開始接觸音樂，就是源自哥哥文麿送給他的小提琴。在哥哥的鼓勵下，他自學演奏、作曲及指揮方法。他進入學習院高等科就讀的同時也成為山田耕筰的門生，特別在東京音樂學校向教授學習樂理及作曲方法。

一九二三年（大正十二年），秀麿留學柏林，隔年就在柏林愛樂管弦樂團指揮，於歐洲嶄露頭角。雖然提拔日本年輕人是罕見的事例，但當時似乎是有贊助商的特殊活動。秀麿的實力獲得認可，他在返國後與山田耕筰一起成立日本交響樂協會，並組成日本第一個專業新交響樂團（現在的ＮＨＫ交響樂團）。

一九三〇年，秀麿再次赴歐於柏林設置辦公室。一九三三年，他在柏林愛樂以客座指揮的身分指揮定期演奏會。當時演奏理查·史特勞斯（Richard Strauss）的交響詩

《唐・喬凡尼》獲得作曲家本人盛讚，讓秀麿在德國音樂界站穩一席之地。接下來，他陸續於費城、慕尼黑、倫敦、布拉格等全球各地客座指揮，並與福特萬格勒（Wilhelm Furtwängler）、史托考夫斯基（Leopold Stokowski）、托斯卡尼尼（Arturo Toscanini）、克倫培勒（Otto Klemperer）等著名指揮家交流。

在頻繁展開演奏活動的同時，秀麿也熱衷於作曲，像是童謠《輕巧千鳥》，或是祝賀昭和天皇登基的《大禮奉祝交響曲》等。尤其他在編曲上屢獲好評，曾經將穆索斯基（Modest Musorgskiy）的《展覽會之畫》、舒伯特（Franz Schubert）的弦樂五重奏、雅樂名曲〈越天樂〉等重新編曲為管弦樂演奏曲。

這時在德國有愈來愈多受到納粹迫害的猶太人，目睹慘劇的秀麿認為「這是純粹人道上的問題」，並幫助猶太人逃到國外。他利用工作上可自由在國外旅行的優勢，自一九四〇年之後冒著跨境的危險到瑞士、荷蘭，幫助超過十個家庭的猶太人逃離德國。然而，就在德軍投降之前的一九四五年四月，秀麿在萊比錫郊區遭美軍逮捕後送到收容所。好不容易返回日本時，已是戰爭結束後的十二月上旬，兄長文麿自殺的十天前。

戰後秀麿沒再回到德國，盡力栽培國內的交響樂。時至今日，他仍以日本交響樂之父，以及拯救猶太人的人權活動家而備受矚目。

深度專欄

意想不到的貧困公家華族

華族這個詞從平安時代就有了，當時代表的是「良好家族」的意思。之後成了清華家的別稱，到了明治政府變成特權階級的身分稱呼。

被視為皇室屏藩、國民典範的華族，雖然享有各式各樣的特權，卻未必所有人都富裕。舊大名家有來自領地的金祿公債，也有租金、利息的收入來支持經濟，生活無虞，話說回來，在原本家祿就少的公家華族中，也有不少雖窮困卻不放棄爵位者。

醍醐家是一條家的分家，歷史悠久，但生活上還是困苦。而且侯爵家必須無償擔任貴族院議員，明治中葉的家主忠敬就曾為了抗議，自行帶著便當徒步到議場上班。如此艱苦的經濟狀況最後導致悲劇。

一八九九年（明治三十二年），忠敬遭到住在同一個屋簷下的姪子格太郎槍擊身亡。忠敬原本是代替體弱多病的兄長忠告成為家主，卻養不起兄長一家人，忠告還得靠縫草鞋的家庭代工餬口。窮困的格太郎連學習院的制服都買不起，加上找工作又不順利，在窮途潦倒之下鋌而走險犯案。華族之中也有這樣的例子，別說成為國民典範，光是維持自家生計就精疲力竭。

主要參考文獻

史書、古籍

宇治谷孟《日本書紀　全現代語訳》（講談社学術文庫）
宇治谷孟《続日本紀　全現代語訳》（講談社学術文庫）
石川徹校注《大鏡》（新潮社）
浅見和彦・伊東玉美責任編集《新注古事談》（笠間書院）
渡辺実校注・清少納言《枕草子》（岩波書店）
大隅和雄訳・慈円《愚管抄　全現代語訳》（講談社学術文庫）
竹鼻績全訳注《今鏡》（講談社学術文庫）
岸谷誠一校訂《保元物語》（岩波文庫）
山下宏明・梶原正昭校注《平家物語》（岩波文庫）

和田英松著・所功校訂《新訂　官職要解》（講談社学術文庫）
浅井虎夫著・所京子校訂《新訂　女官通解》（講談社学術文庫）

第一～三章

奥富敬之《名字の歴史学》（角川選書）
坂田聡《苗字と名前の歴史》（吉川弘文館）
倉本一宏《藤原氏　権力中枢の一族》（中公新書）
神谷正昌《皇位継承と藤原氏》（吉川弘文館）
朧谷寿《藤原氏千年》（講談社現代新書）
山口博《王朝貴族物語》（講談社現代新書）
青木和夫《古代豪族》（講談社学術文庫）
吉川真司《シリーズ日本古代史3　飛鳥の都》（岩波新書）
坂本太郎《読みなおす日本史　史書を読む》（吉川弘文館）
倉本一宏《奈良朝の政変劇》（吉川弘文館）
渡辺晃宏《日本の歴史04　平城京と木簡の世紀》（講談社学術文庫）
坂上康俊《シリーズ日本古代史4　平城京の時代》（岩波新書）

坂上康俊《日本の歴史05　律令国家の転換と「日本」》（講談社学術文庫）
川尻秋生《シリーズ日本古代史5　平安京遷都》（岩波新書）
古瀬奈津子《シリーズ日本古代史5　摂関政治》（岩波新書）
土田直鎮《日本の歴史5　王朝の貴族》（中公文庫）
大津透《日本の歴史06　道長と宮廷社会》（講談社学術文庫）
渡辺実《大鏡の人びと　行動する一族》（中公新書）
鈴木哲・関幸彦《怨霊の宴》（新人物往来社）
山田雄司《跋扈する怨霊》（吉川弘文館）
野口実《伝説の将軍　藤原秀郷》（吉川弘文館）
佐々木恵介《天皇の歴史3　天皇と摂政・関白》（講談社学術文庫）
大津透《日本史リブレット人019　藤原道長》（山川出版社）
繁田信一《殴り合う貴族たち》（角川ソフィア文庫）
服藤早苗・高松百香編著《藤原道長を創った女たち》（明石書店）
今井源衛《人物叢書　紫式部》（吉川弘文館）
角田文衞《紫式部伝　その生涯と「源氏物語」》（法藏館）

第四～六章

樋口健太郎《摂関家の中世》（吉川弘文館）
木村茂光《日本中世の歴史1　中世社会の成り立ち》（吉川弘文館）
上横手雅敬・元木泰雄・勝山清次《日本の中世8　院政と平氏、鎌倉政権》（中央公論新社）
美川圭《院政》（中公新書）
竹内理三《日本の歴史6　武士の登場》（中公文庫）
福島正樹《日本中世の歴史2　院政と武士の登場》（吉川弘文館）
元木泰雄《保元・平治の乱を読みなおす》（ＮＨＫブックス）
元木泰雄《平清盛と後白河院》（角川選書）
元木泰雄《河内源氏》（中公新書）
高橋英夫《西行》（岩波新書）
五味文彦《西行と清盛》（新潮選書）
上横手雅敬《平家物語の虚構と真実》（塙新書）
川合康《日本中世の歴史3　源平の内乱と公武政権》（吉川弘文館）
斉藤利男《平泉　北方王国の夢》（講談社選書メチエ）
長崎浩《摂政九条兼実の乱世　『玉葉』をよむ》（平凡社）

山本幸司《日本の歴史09　頼朝の天下草創》（講談社学術文庫）
渡部泰明ほか《天皇の歴史10　天皇と芸能》（講談社学術文庫）
五味文彦《大系日本の歴史5　鎌倉と京》（小学館ライブラリー）
関幸彦《その後の東国武士団》（吉川弘文館）
元木泰雄・松薗斉編著《日記で読む日本中世史》（ミネルヴァ書房）
今谷明《中世奇人列伝》（草思社文庫）
伊藤喜良《日本の歴史8　南北朝の動乱》（集英社）
安田次郎《全集　日本の歴史7　走る悪党、蜂起する土民》（小学館）
新田一郎《日本の歴史11　太平記の時代》（講談社学術文庫）
河内祥輔・新田一郎《天皇の歴史4　天皇と中世の武家》（講談社学術文庫）
本郷和人《人物を読む日本中世史》（講談社選書メチエ）
七宮涬三《関東管領・上杉一族》（新人物往来社）
今谷明《室町の王権》（中公新書）
神田裕理編《ここまでわかった　戦国時代の天皇と公家衆たち》（洋泉社）呉座勇一《応仁の乱》（中公新書）
吉村貞司《日野富子》（中公新書）
桜井英治《日本の歴史12　室町人の精神》（講談社学術文庫）

池亨《日本中世の歴史6　戦国大名と一揆》（吉川弘文館）
芳賀幸四郎《人物叢書　三条西実隆》（吉川弘文館）
谷口研語《流浪の戦国貴族　近衛前久》（中公新書）
渡邊大門《逃げる公家、媚びる公家》（柏書房）
神田裕理《朝廷の戦国時代　武家と公家の駆け引き》（吉川弘文館）
辻達也編《日本の近世2　天皇と将軍》（中央公論社）
林玲子編《日本の近世15　女性の近世》（中央公論社）
藤田覚《天皇の歴史6　江戸時代の天皇》（講談社学術文庫）
井上勝生《日本の歴史18　開国と幕末変革》（講談社学術文庫）
藤田覚《幕末の天皇》（講談社学術文庫）
家近良樹《幕末の朝廷》（中公叢書）
刑部芳則《公家たちの幕末維新》（中公新書）
歴史読本編集部編《華族　近代日本を彩った名家の実像》（新人物文庫）
佐々木克《戊辰戦争》（中公新書）
内藤一成《三条実美》（中公新書）
歴史読本編集部編《歴代皇后125代総覧》（新人物文庫）
原武史《皇后考》（講談社学術文庫）

岩井忠熊《西園寺公望》（岩波新書）
古川隆久《人物叢書　近衛文麿》（吉川弘文館）
吉田裕《昭和天皇の終戦史》（岩波新書）
大野芳《近衛秀麿　日本のオーケストラをつくった男》（講談社）
菅野冬樹《戦火のマエストロ　近衛秀麿》（ＮＨＫ出版）

國家圖書館出版品預行編目 (CIP) 資料

千年貴族藤原氏 : 紫式部、藤原道長到昭和首相，形塑日本歷史最關鍵的華麗一族 / 京谷一樹著 ; 葉韋利譯 . -- 初版 . -- 新北市 : 遠足文化事業股份有限公司 , 2024.11
288 面 ;14.8X21 公分
ISBN 978-986-508-325-0(平裝)
1.CST: 傳記 2.CST: 日本

783.11　　113014551

千年貴族藤原氏：
紫式部、藤原道長到昭和首相，形塑日本歷史最關鍵的華麗一族

作者——京谷一樹
譯者——葉韋利

副總編輯——賴譽夫
資深主編——賴虹伶
封面設計——陳恩安
排版——立全電腦排版有限公司
行銷總監——陳雅雯
行銷企劃——張偉豪、張詠晶、趙鴻祐

出版——遠足文化事業股份有限公司
發行——遠足文化事業股份有限公司（讀書共和國出版集團）
地址——231 新北市新店區民權路 108 之 2 號 9 樓
郵撥帳號——19504465 遠足文化事業股份有限公司
電話——(02) 2218-1417
信箱——service@bookrep.com.tw

法律顧問——華洋法律事務所 蘇文生律師
印製——呈靖彩藝有限公司

出版日期——2024 年 11 月 初版一刷
定價——450 元
ISBN 978-986-508-325-0（紙本）；
978-986-508-324-3（PDF）；978-986-508-323-6（EPUB）
書號 0WEV0073